三頭立て獅子舞

その伝播と地域の諸相

飯塚 好
IIZUKA Miyoshi

文芸社

はじめに

獅子舞の調査を始めて最初にまとめたのが「獅子舞―基本構造と多様性―」（『埼玉県立文化センター研究紀要　創刊号』一九八四年）である。

その後、芸能の調査は継続して行ってきた。その成果が『三頭立て獅子舞　歴史と伝承』（おうふう　二〇一三年）である。最初の論考以後、ほぼ三十年が経過していた。

そして、それから約八年後の二〇二一年に、歌を中心にまとめた『三頭立て獅子舞　その歌と芸能の世界』を文芸社から刊行した。

しかし、それ以外の獅子舞が、特に栃木県・群馬県・埼玉県などに数多くある。前著から三年ほどの間にそれらを調べ、まとめたのが本書である。

これまで取り上げてこなかった獅子舞の資料をみていくと、栃木県の獅子舞で「平庭」や「神の舞」などといわれる演目がある。それらの演目は栃木県に接する群馬県や埼玉県にも数多くあり、芸能の伝播という観点から、数多くある獅子舞の関わりがみえてくるのではないかと考えるようになった。

また、それだけでは、数多くある群馬県や埼玉県の獅子舞などを理解することはできない。そのため、各地域の特徴がある獅子舞を取り上げた。

例えば、群馬県の稲荷流の獅子舞、埼玉県秩父市浦山の獅子舞の文書、東京都奥多摩町などの獅子舞の文書などは共通していて、それらの地域の獅子舞にも共通したものがある。それらを踏まえ、本書では各地域の地域性の諸相をみていくことにしたい。

最後に取り上げたテーマは、芸能の用具の一つである「太刀」である。太刀が関わる演目は儀礼との関わりも強く、これまで取り上げられなかった獅子舞について考察できるためである。

最後に、凡例として、本文で頻繁に出てくる「廻る」と「回る」の表記の使い分けについてである。が、「廻る」は主に三頭の獅子が共にまわる時に使い、「回る」はそれぞれの獅子が回る時に使っている。

それに、三頭の獅子の名称は、それぞれの獅子舞で使われている名称を使うことにする。また、三頭の獅子は雄の獅子か雌の獅子であり、議論を展開する場合には、「男獅子」と「女獅子」を使うことにした。

目次

第一章　関東の三頭立て獅子舞の比較　1

栃木県内の三頭立て獅子舞の多くは、「関白流」と「文挟流《ふばさみ》」と称している。そして、これらの獅子舞の多くには、「平ささら」とか「平庭」などという演目がみられる。

しかし、栃木県以外の関東や、東北の福島県・山形県、それに新潟県においても「文挟流」や「関白流」と関わりのあるものがあり、また、栃木県周辺における各県においても「平ささら」や「平庭」といわれる演目がみられる。

それらを踏まえて、まず、栃木県内の「平ささら」や「平庭」などがみられる獅子舞を取り上げる。

一　栃木県の獅子舞

「平庭」が文献でみられるのは、「天明四年（一七八四）七月吉日」と記された日光市の『日向獅子舞伝授書』（注1）である。この文書には、最初に目録として、

「平庭　平巻　舞臺掛
神楽　露落　笹切（神前限）
柴賢　巻寄　弓潜
茶屋方　梵天國　口傳免」

の記載があり、「平庭」以下の演目が記され、天明四年以降現在まで行われてきた演目を考えるのに有益である。以下、栃木県内の獅子舞をみていく。

最初に、古野清人氏の昭和十年代の調査結果から「平庭」を中心にみていく（注2）。〔　〕の括弧内については、平成十年に刊行された『栃木県民俗芸能緊急調査』（注3）による。具体的な獅子舞や写真については、筆者の調査などである。

なお、各地の獅子舞で行われる演目も取り上げ、共通した演目である、女獅子を二頭の男獅子が取り合う内容を含む演目と、「弓くぐり」に丸印を付した。

1　宇都宮市上横倉

天下一関白流。

獅子舞が行われるのは盆、二百十日前の風祭である。

演目は、神楽舞、庭舞、○雌獅子引き、平舞、あやとり、○芝かくし、○弓くぐり、いりは、いり違いである。

〔八月十五日。

棒術、神楽舞、庭舞、芝かくし、弓潜り、女獅子引き、あやとりの舞〕

（『栃木県民俗芸能緊急調査』には平舞の記述がない）

2　日光市中猪倉《いのくら》

関白流。

夏祭りの天王様、盆、秋の彼岸前に獅子舞が行われる。

「庭」は十二ある。平庭、撥落し、神楽舞、○弓くぐり、笹がかり、ひらまき、○まき寄せ、へえづくし（幣束を使う）、ぼんでんこく、舞台がかり、などである。

3　宇都宮市関白《かんぱく》

関白流。

獅子舞は旧七月七日に行う。

演目は、○牧寄せ駒、唐土の舞い、平庭、芝かくし、○弓くぐり、鬼舞、みこ舞である。

〔八月七日。

天下一関白神獅子舞。

棒術数種類。演目は平庭、蒔寄、唐土の舞、弓くぐり、芝隠し、神子舞〕

「平庭」は最初に行われる演目である。

棒術が最初に行われる（写真1）。棒術の途中に、獅子は太鼓を叩いて前後する（写真2）。棒術が終わると、獅子とせめぎ合い、獅子舞が始まる。正面を向き、太鼓を叩きながら片足ずつ足を上げ下げする（写真3）。その場で一回りする。右手で太鼓を叩きながら片足ずつ足を上げ下げする。

これらのことを繰り返し行った後、バチを地面につける。蹲踞《そんきょ》して、バチで太鼓の縁を摺《す》り、立っても同じように太鼓の縁を摺る。

二頭の男獅子が背中合わせになって舞ったり（写真４）、向かい合わせで舞ったりする。一番の男獅子が前に出て舞い、他の二頭の獅子は後ろで太鼓を叩く。一番の男獅子は両手を広げたり、両手でバチを持って踊ったりする。前に一頭後ろに二頭の獅子は前後に動く。二番の男獅子が前に出て、同じことを繰り返す。

三頭の獅子は丸くなって、背中合わせで片足ずつ上げ下げしたり、向かい合って片足を前に出し太鼓の縁を叩いたりする。花笠が中央に集まる。

花笠の周囲を一回りした（写真５）後、花笠に割って入った後に、花笠の一つずつにかかる。そして、花笠の間に入って女獅子だけ残る。二頭の男獅子は花の周囲を廻り、それぞれ女獅子と替わって（写真６）花の間に入る。そして、花笠は四隅に散る。

三頭の獅子は丸くなって太鼓を叩きながら両足で跳んで半回転し、内側を向いたり、背中合わせになる。

前に二頭の男獅子、後ろに女獅子で、前を向き右手のバチで地面を掻《か》き、太鼓を叩いて前後に動く。伏せてから（写真７）、立って太鼓を叩き、足を交差させたり、足を上げ下げして踊りは終わる。

次に「弓くぐり」もみる。栃木県内の獅子舞は、演目の中に弓くぐりがみられることが多いためである。

棒術が行われ、続いて二頭の男獅子が前、後ろに女獅子で踊る。

弓くぐりを中心にみる。前に二頭の男獅子、後ろに女獅子で太鼓を叩き、弓が前に置かれる。二番

1　関白の獅子舞１　棒術

2　関白の獅子舞２　獅子は太鼓を叩いて前後する

3　関白の獅子舞３　太鼓を叩きながら足を上げ下げする

4　関白の獅子舞４　背中合わせになったりして舞う

5　関白の獅子舞５　花笠の周囲を廻る

6　関白の獅子舞６　花笠の間に入る

7　関白の獅子舞７　獅子は伏せる

8　関白の獅子舞８　獅子が弓を３回見る

獅子が前に出て弓に掛かる。弓を下から上に見る。三頭の獅子は太鼓を叩きながら前後に動く。二番獅子は弓を下から上に三回見る（写真8）。三頭の獅子は前後に動く。二番獅子が弓を見る。三頭は前後に動く。二番獅子はバチで弓の大きさを測る。三頭は前後に動く。二番獅子は弓をくぐる。弓が除かれ、前に二頭の男獅子、後ろに女獅子で太鼓を叩いて退場する。

4　宇都宮市関堀

天下一関白流。

獅子舞は「風祭り」といい、お盆に行う。

演目は、平庭、○弓くぐり、笹がかり、○芝さがし、四方固め、剣の舞、日本がかりである。

〔八月十四日、観音堂で、棒、平庭、弓くぐり。

十五日、棒、平庭、笹掛かり、芝さがし。

十六日、薬師堂等、棒、平庭、笹掛かり、剣の舞〕

5　那須塩原市中塩原

関白流。

旧六月二十四日、愛宕《あたご》様の祭り。旧盆、二百十日前後に風祭り。旧八月十五日、八幡宮の祭典。四月八日、妙雲寺で獅子舞が行われる。

庭は、平庭（最初に舞う）、○弓くぐり、○牧寄せ、庭舞い、笹舞い、○雌獅子隠しである。

〔七月十六日、妙雲寺。九月十五日、八幡宮。

平庭は八幡宮のみで行われる。巻寄せは妙雲寺のみで行われる。弓くぐりは八幡宮、妙雲寺で行われる〕

平庭の内容を引用する。

〔居太鼓、海道上り、腰のし、鼓舞い、足くみ、足踏み舞い、鼓舞い、腰ふり、歌、手管、耳かき、しゃくとり、足けり、鼓舞い、腹そらし、ぜんとろ、歌、足すり、礼拝、雌獅子隠し（写真9・10）、一返し（六回）、やまがらこがらもんじのは、礼拝、一返し（三回）、やまがらこがらもんじのは、右廻り、礼拝、舞シメ（写真11）、街道下り（写真12）、居太鼓〕

弓くぐりについてもみる。

「居だいこ」

二人の歌掛（簓《ささら》を持つ）と二人の笛掛は警護として四隅に位置し、その前に弓取り一人が、警護の中に大獅子と太獅子が前に並び、後ろに女獅子が位置する。

三頭の獅子は内側を向いて太鼓を叩く。

「わたりぶし」

9　中塩原の獅子舞 1

10　中塩原の獅子舞 2

11　中塩原の獅子舞３　舞シメ

12　中塩原の獅子舞４　街道下り

前の隊形で、獅子舞を行う所まで進む。

獅子三頭はバチを左右に振りながら、片足跳びで一歩ずつ進む。太鼓を叩いて足踏みしながら進む。

バチを左右に振り、足踏みしながら太鼓を叩く。

獅子舞をする場所に着くと、獅子はバチを左右に振りつつ、足踏みをしながら太鼓を叩いて、バチを地面につける。

弓取りは、弓を横に持ち上下に動かす。

弓取りは、弓を立てて持つ。

獅子は頭を左右に振り、足踏みをしながら太鼓を叩き、バチを地面につける。

足踏みをしながら太鼓を叩き、その場で反時計回りに回る。バチを地面につける。それを繰り返す。

足踏みをしながら、速い調子で太鼓を叩く。両手で太鼓の縁を叩く。速い調子で足踏みをしながら太鼓を叩く。

「あさひさす　ゆうひかがやく　もりのした　こがねやしろが　くじゅうくやしろ」

歌の間、獅子は座って、左手のバチは地面に、右手のバチで太鼓の縁を叩く。

座って太鼓の縁を叩きながら後退する。

獅子は太鼓を叩いて弓取りの弓とせりあう。

この後、牝《めす》獅子と太獅子は脇で足踏みしながら太鼓を叩く。舞の中心は大獅子である。

大獅子は横を向いて少しずつ進む。正面を向いて、バチを持った手を開いたり、バチを持って上下に動かしたりする。横を向いても同様にする。座ったり、立ったりしてバチを上下に動かす。蹲踞したり立って思案したりする。このようにして弓に近づいたりすることを繰り返す。

最後に跳びはねて弓に近づき、弓をくぐろうとするが失敗する。

三頭の獅子は三角形になり、足踏みしながら太鼓を叩き、位置も替わる。前の二頭はササラの側が大獅子、笛側が牝獅子、それに、中心になって舞うのが、太獅子となる。

太獅子は横を向いて少しずつ進む。正面を向いて、バチを持った手を開いたり、バチを持って上下に動かしたりする。横を向いても同様にする。座ったり、立ったりしてバチを上下に動かす。蹲踞したり立って思案したりする。このようにして弓に近づいたりすることを繰り返す。

そうして、座って左右に跳び、跳んで前進、弓を見る。弓の前でバチを持って弓を測る。そして、弓の左右から弓を見る。前に戻りバチで弓を測る。さらに、左右の斜め後ろから弓を見る。前に戻りバチで弓を測る。

最後に、太獅子は足踏みしながら太鼓を叩き、弓に近づき弓をくぐる。

前に、太獅子と大獅子、後ろに雌獅子が三角形になり、弓取りの弓とせりあう。そして、弓取りは弓を横に持ち上下に動かす。三頭の獅子は足踏みしながら太鼓を叩く。

帰りには「街道下り」といい、来た時と同じ隊形で、三頭の獅子は足踏みをしながら太鼓を叩く。そして「居太鼓」で終わる。

6　日光市日蔭（塩谷郡栗山村大字日蔭）

関白流。

獅子舞は、旧六月には、天王様、鎮守様、愛宕様、旧七月は寺で、二百十日の四、五日前に、嵐のこないように行う。

庭は、おやま獅子（神様の前）、〇弓くぐり、鈴ほおろぎ、平庭、〇芝さがし、〇牧寄せ、などである。

7　日光市野門《のかど》

文挟流。

旧七月二十三日に鎮守様、二十四日が愛宕様、総末社、区長、伍長、禰宜《ねぎ》の順で獅子舞が行われる。それに二百十日にも獅子舞を行う。

神の獅子は同じ踊り、平庭ともいう。芸獅子は神の前ではやらない。〇弓くぐり、鈴舞、〇女獅子探し、入れ違いなどがある。

〔七月十五日、天王様へ平舞、ソウマシラの平舞。

八月二十一日、大山祇神社平舞、鎮守境内でソウマシラの平舞。

八月二十二日、愛宕山神社へ平舞。この他、サカナ獅子、雌獅子さがし、弓くぐり、入れちがい。

八月二十三日、大杉神社へ平舞、ソウマシラの平舞、ネギ様の獅子、神楽舞、千秋楽の式。

九月一日、八朔《はっさく》様に平舞、ソウマシラの平舞。

ソウマシラの獅子とは、総末社、全国の神々に奉納する〕

8　塩谷町寺小路

天下一関白流。

旧七月九日、観音様に神獅子舞を奉納。平庭を行う。十七日、観音堂の大祭、神事獅子舞は本庭をする。十八日、鬼退治をする。八朔、平庭をする。二百十日前に観音堂で平庭を行う。

演目は、平庭、笹がくし、〇芝がくし、巫女《みこ》舞である。

9　塩谷町山口

文挟流。

獅子舞を行うのは以下のとおりである。

天王様、旧六月十四日晩、十五日。二十四日、辻固め。悪魔払い。盆の十六日、弔い獅子。八朔。

平舞、○弓舞（辻固め）、剣舞、入れ違い、○牧寄せ。もとは、「山がら獅子」をやったという。

注

1 『日向獅子舞資料』平成二十四年
2 古野清人『古野清人著作集　第六巻』三一書房　一九七三年
3 『栃木県の民俗芸能　栃木県民俗芸能緊急調査報告書』栃木県教育委員会　平成十年

次に『栃木県の民俗芸能　栃木県民俗芸能緊急調査報告書』に掲載の獅子舞をみる。

1　宇都宮市逆面《さかづら》の獅子舞

天下一関白流。

八月十五日、風祭り。

ワタリの舞（写真13）、庭舞、唐土の舞、地復の舞、岡崎の舞、○薪寄せ（雌獅子隠し）（写真14）、○弓潜りの舞、平庭の舞、水戸係の舞、おかめ狂言、花綴りの舞で構成されている。

13　逆面の獅子舞１　ワタリの舞

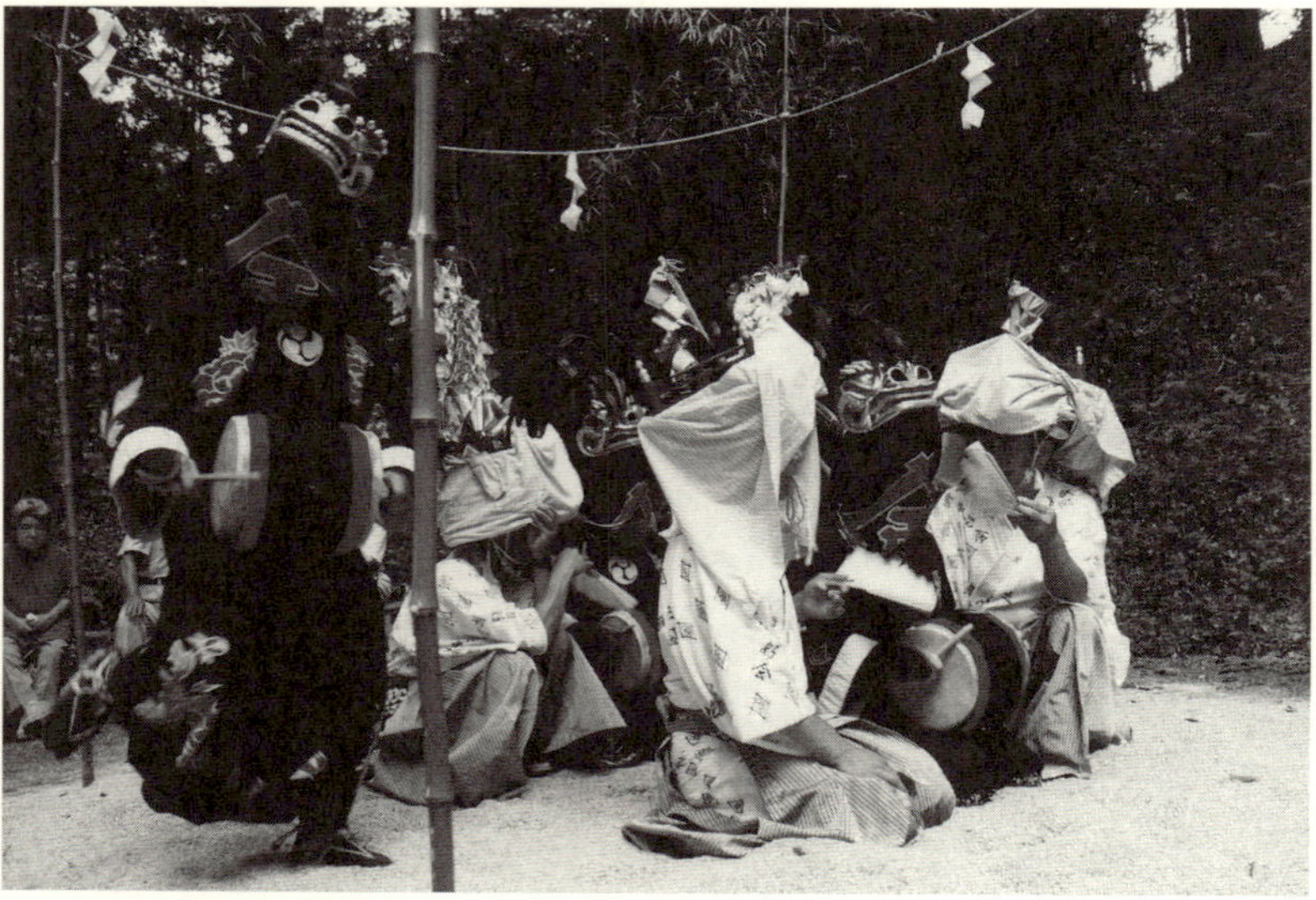

14　逆面の獅子舞２　薪寄せ

2　宇都宮市宗円《そうえん》

八月七日、十六日、二百十日。

演目は、平庭、○弓くぐり、○雌獅子隠し。棒術を最初に行う。

3　鹿沼市久野《くの》の獅子舞

関白流。

十月第三日曜日。

宿で平庭、神社で鳥居がかり、土俵上で平庭。祭典の後、笹がかり、○弓くぐりが行われる。

4　日光市原宿

関白流。

九月一日に近い日曜日。

演目は、平庭、入れ違いの舞、○弓くぐりの舞、剣の舞である。

5　日光市下小林

関白流。

八月十六日、滝尾神社。

演目は、平庭、身寄がえし、○蒔き寄せ、唐土の舞、○弓くぐり、○芝かくし、神子舞、鬼退治の舞である。

6　日光市町谷関ノ沢

関白流。

八月十七日。

棒術、平庭。

7　日光市手岡《ちょうか》

文挟流。

九月一日。

人丸神社、弁天様、薬師様、オヤマ様では、平庭、神楽舞の一部。

公民館で「礼舞」といい、〇芝さがし、〇巻寄せが行われる。

ここでは、人丸神社での平庭を中心にみる。

社殿前では、弓を持つ人が拝礼し、六尺棒・太刀が置かれ棒術が行われる（写真15）。

続いて、獅子が前に出て、中腰で太鼓を叩きながら頭を前に振ったりして前後に動く。太鼓を叩きながらその場で回る。両手で太鼓を叩いたり、左手のバチを前に出し、右手で太鼓を叩きながら後退する（写真16）。座って左手を前に右手で太鼓を叩いて（写真17）前後に動く。その場で太鼓を叩いて回る。座って拝礼し、座って回る。太鼓を叩きながら前後する。バチを地面につく（写真18）。立って速い調子で太鼓を叩く。太鼓を叩きながら回り後退する。歌になり、獅子は太鼓を叩く。

赤、女獅子、黒の順で、一頭ずつ前に出る。それから、赤と黒は向かい合い太鼓を叩く。赤が前に出て笹に向かい舞う。左手を前に出し右手は太鼓を叩く。後ろで黒と女獅子は調子の良い太鼓を叩く。赤は中腰で前進し、笹に向かい後退することを繰り返す。

赤と女獅子が向かい合い手を持ったりし、黒の獅子は笹に向かい前進し太鼓を叩き、バチで地面を掻いたりし、左手は前に出し、右手は太鼓を叩く。それから太鼓を叩きながら回り、地面につくぐらいの姿勢になり、バチを肩に担ぎ笹にかかる。笹にかかりバチで地面を掻く。太鼓を叩きながら回る。両手を開き前傾の姿勢。赤と黒が前、女獅子が後ろで、太鼓を叩きながら右を向いたり左を向いたりして笹に向かい、前進したり後退したりする。それを繰り返す。

15　手岡の獅子舞１　棒術

16　手岡の獅子舞４　太鼓を叩きながら後退する

17　手岡の獅子舞２　左手を前に、右手で太鼓を叩く

18　手岡の獅子舞３　バチを地面につける

三頭で廻り、赤と黒が前、女獅子が後ろで、向かい合わせになったり、背中合わせになって太鼓を叩く。三頭で前を向いて前進後退を繰り返す。その場で回る。赤の獅子が前進後退し笹にかかる。三頭の獅子で花を巡る。女獅子が花の中に隠れる。赤と黒は花の周囲を巡り女獅子を探す。花が四方に散り、女獅子を真ん中に三頭が縦に並び左右に動く。三頭の獅子は肩を組んで一回りし、赤だけ離れ動けなくなる。赤と黒が前で、女獅子が後ろで太鼓を叩きながら前進後退し、その場で回り終わる。

8　日光市東《ひがし》小来川《おころがわ》

関白流。

四月二十九日。

演目は、庭舞、神楽舞、サンバイの舞（八坂神社）、平庭（地固めなど）。かつての舞。街道下り、鳥居がかり、橋がかり、山入り、〇弓の舞、岡崎、山の神である。

9　日光市西小来川

文挟流。

七月十五日、八月十六日。

演目は、街道上り、橋がかり、鳥居がかり、〇芝さがし、蒔き寄せ、平庭、神楽舞、〇弓くぐり、街道下りである。

10　日光市栗山川俣

八月二十日、滝尾神社で平庭。

八月二十一日、愛宕神社で平庭、今宮神社〇弓。

八月二十二日、山の神へ〇弓、お寺様へ〇四つ山。

八月二十三日、二百十日として〇四つ山、大杉様への奉納平庭。

『日光市民俗芸能・技術映像記録事業報告書　獅子舞』（注4）から引用する。

〔「平獅子（平庭）」（構成：ぶっこみ、とろろ、休み歌、オコシ、庭見、山の手）〕である。

令和五年に愛宕神社で行われた獅子舞についてみる。

最初に呼太鼓が叩かれる。太鼓と笛である（写真19）。

続いて、鳥居前で「舞い込み」が行われる。

獅子三頭に花籠二つ、花籠に警護が一人ずつつく。後ろに歌い手がいる（写真20）。

獅子舞が終わると、歌が歌われる。

「あけのぼる　麓の道は遠けれど　同じ雲井の　月とこそ見る」

19　川俣の獅子舞１　呼太鼓が叩かれる

20　川俣の獅子舞２　舞い込み

「あげ台に　三階盃さし添えて　獅子に下さる　過分なるもの」である。

この後、行列をなして、「路首」になる。

行列の順は、花籠、警護、提灯持ち、笛、岡太鼓、歌役、獅子三頭、獅子の後に栗の枝を持つ人、である。「七ツ半」といわれる舞いをしながら進む。獅子以外の人も一歩一歩進む。歌われる歌は、次のとおりである（写真21・22）。

「判官殿は東下りに　笈《おい》は何で包んだ　綾錦ゆだんかけて　虎の皮で包んだ」

「天竺の御所の前で　伊佐代姫が酌をする　酒よりも肴よりも　伊佐代姫が目につく」

「鎌倉の左京殿は　前の川で魚をつる　釣竿は浮きて流るる　左京殿は瀬に立つ」

「鎌倉の鶴が池で　石やはまぐりや流るる　手を出して取ろうとすれば　七つ波がよりくる」

以上の歌が歌われたが、『栗山の民俗』（注5）では、次の歌も記載されている。

「あれみさよむかい見さよ　猿が大もち引き申す　長藤をたくり立てていく　さらさらと引き申す」

「下妻の多賀谷殿は　海へざんぶとめされる　西風に笛を吹かせ　波で太鼓をうたせる」

「婿殿は夏が来ましょが　何を土産に持ってくる　うめ　すもも　さかりいちごや　さてはぐみの折枝」である。

続いて「弓くぐり」が行われる（写真23）。その構成は「ぶっこみ、イレチガイ、休み歌、オコシ、庭見、弓の手」である。「平庭」の構成は「ぶっこみ、とろろ、休み歌、オコシ、庭見、山の手」である。

21　川俣の獅子舞３　路首の行列１

22　川俣の獅子舞４　路首の行列２

「弓くぐり」の休み歌は、

「天竺の　天の岩戸の花筵　直りながらも　畏れなるもの」が歌われた。

「弓くぐり」が終わった後、休み歌の次の歌も歌われた（写真24）。

「天竺のごんの河原の　折紙を　獅子に下さる　過分なるもの」

「千早振る　神も我等も諸共に　花の都へ　帰る目出度や」である。

11　栃木市都賀町木《つがまちき》

十月十五日に近い日曜日。

演目は、○蒔き寄せ、唐土の舞、平庭、○芝隠し、御神子の舞である。

12　栃木市大宮町

十一月二十三日、大宮神社。

演目は、入庭、庭見、小ねり、くるえ、とうさばや、押しや、押ばなし、三拍子、すごもり、入りかわり、○芝さがし、平庭である。

23　川俣の獅子舞５　弓くぐり

24　川俣の獅子舞６　休み歌

13　那須町高久丙《たかくへい》・北条の獅子舞

四月二十四日、愛宕神社。平獅子、投げ草、関森。

九月十九日、温泉神社。平獅子、投げ草。

『那須町誌　前編』（注6）で平獅子を中心にみる。

「前がかり」、四方固め。歌になる。

「まいりきて　これのお庭を　見申せば　四方四面で　めいしょなるもの　めいしょなるもの」

「まわりはくるま　きょうからくだる　からえのびょうぶ　ひとえにささらと　さらり」

「山」がむしろの中央に四人で立つ。笛に合わせて獅子は山を廻る。「山廻り」という。牝獅子を牡《おす》獅子が探し回る。歌になる。

「十七は　すだれやなぎを　ひきたよせ　すだれやなぎを　ひきたよせ」

「じゅうよさから　つれたよすまを　かくされて　いざやともだち　さらり」

山が去る。歌は、

「うれしやな　かぜもかすみも　吹き払い　これのお庭も　さらり」

「たいこの糸を　きりりとしめて　ひといにささらを　さらり」

獅子は一時座る。

「たづさぎも　あとをおもえば　たじかねる　みずはならさぬ　さらり」

「くにからも　いそぎもどれと　ふみがくる　おいとま申して　さらり」

この後、「ひき庭」の笛、獅子の舞も静かになり、社殿に向かって礼拝し、「かえりぶし（渡り拍子）」で終わりになる。

ここで北条の獅子舞の近くの一ツ樅《もみ》の獅子舞を取り上げ、比較する（注7）。

舞い出し、四方固めが行われ、獅子が中央にしゃがむ。前に二頭の男獅子、後ろに女獅子で、また、三頭が縦に並び、左右に動く。筵《むしろ》が敷かれ、前に二頭の男獅子、後ろに女獅子で座り（写真25）、歌がうたわれる。「投げ草」の歌が入っている。

「なりをしずめて　おききやれ　ささらのならいで　歌をよみ候　歌をよみ候」

「投げ草を　出したお人は　末ひろく　孫子あまたに　あめに栄えよる　妙がなるもの　妙がなるもの」

獅子が立ち、向かい合い舞う（写真26）。次の歌に合わせて、獅子は廻りながら舞う。

「まわりは車　きょうから下だる　唐絵のびょうぶ　ひとえに　さらりとまわりこめ」

獅子が中腰になり、同じところで歌に合わせて舞う。同じ動作が六回、そのうち三回は跳びはねる。

「こら程の　花のお庭で　遊ぶとて　心静かに　遊べわが連れ　遊ぶわが連れ」

「笠」が出てきて、山廻りをする（写真27）。

「思いのほかに　朝日の方で　これで女獅子を　かくされ」

「つよさから　連れた四すまを　かくされて　いざや　友だち連れよせ」

25　一つ樅の獅子舞１　３頭の獅子が座る

26　一つ樅の獅子舞２　向かい合い舞う

27　一つ樅の獅子舞３　獅子は「山廻り」をする

山廻りが終わる。三頭が向かい合う。

「うれしやら　風やかすみを　吹きはらい　これのお庭で　つまよせ」

獅子が歌に合わせて右回りに廻る。

「松にからまる　つたはしげる　えんがきればいざきれろ」

「たつさぎりは　後を思えば　たちかねる　水も鳴らさぬ　はらい」

三頭は大きく広がる。そして、中央に集まり向かい合って踊った後、次の歌が始まると、男獅子二頭は前、後ろに女獅子で後退する。

「国からも　急ぎもどれば　ふみが来る　おいとま申して　家さ帰れ」

歌の後、三頭で前後に舞い、座って拝礼し、終わりになる。

北条の獅子舞と一ツ樅の獅子舞は、歌の内容は異なるものもあるが、共通している点も多い。しかし、一ツ樅の獅子舞の場合は、平獅子という名称は特にない。

14　佐野市飛駒《ひこま》鍋沢

獅子舞は三月十日に近い日曜日、塩竈《しおがま》神社で行われる。

社殿の前でサンバ。

広場で、ヒライリワ、サンカクイリワ、ケイリイリワ、ナガウタ、ワタリビョウシ、ヒラザサラ、カケウタ、キリ、ワタリビョウシ、ヒラザサラ、〇メジシカクシ、キリ、ワタリビョウシが行われる。

『田沼町史第一巻　自然民俗編』（注8）に掲載された「鍋沢の神楽『楽譜』」を参照しながらみていく。調査の時には、全体のことはみることができなかった（写真28・29）。

最初に、「さんば（三回）」がある。

続いて、「ひらざさら（三回）」「きり（三回）」「ひらいりわ　さんかくいりわ（三回）」「けいりいりわ（三回）」「ながうた（三回）」「わたりびょうし」「ひらざさら」「かけうた」で、歌は（著者注、カタカナをひらがなにした）

「かーべごしに　たちよりきーけば　おもしろそおな　みやこにはやる　はやびょしんょな」

「ななつなょし　やつやびょし　ここのつびょし　おととねりやしんょな」

「おおくやまの　まあるいがづちを　てあるごとくわ　このごとくんょな」

28　鍋沢の獅子舞 1

29　鍋沢の獅子舞 2

「ささらのかみわ　もんぢでござる　もんぢのいいにわ　ししびょしんょな」

「ささらのかみわ　あくまをはらい　いざかへらんょな」

そして、「きり」「わたりびょうし」「ひらざらら」になる。歌は、

「おーもいがけなく　あさぎりに　そーこでめじしが　かくされたんょな」である。

次に「めじしかくし」で歌が、

「くにからわ　いそげもどれと　ふみがくるから　おいとまもうし　いざかいらんよな」

続いて、「きり」、「わたりびょうし」で終わる。

注

4　『日光市民俗芸能・技術映像記念作成事業報告書　獅子舞』日光市歴史民俗資料館　令和四年
5　『栃木県民俗芸能調査報告書第二集　栗山の民俗』栃木県教育委員会　昭和四十二年
6　『那須町誌　前編』那須町　昭和五十一年
7　注3・6書と筆者調査
8　『田沼町史第一巻　自然民俗編』田沼町　昭和五十七年

これまで取り上げていない獅子舞を、尾島利雄の『栃木県民俗芸能誌』(注9)から取り上げる。

1　鹿沼市板荷《いたが》大原の獅子舞

天下一関白流。

獅子舞は旧三月二十三日、四月十日、六月七日、七月十七日、八月一日に行われる。

演目は、鳥居がかり、橋がかり、いれちがい、平庭、神楽舞、いれは、鬼退治、○弓くぐり、○山まわり（山くずし）、四方固め、太刀ふり、である。

平庭は最初に演じられる。歌は、

「ちはやふる神のいがきへ手をかけて　いのりいのりて利性あるもの」である。

神楽舞は鈴と扇を持って舞う。

2　鹿沼市上南摩町《かみなんままち》　笹之越路の獅子

天下一関白流。

獅子舞は、旧八月一日（八朔）、八月二日に行われる。

演目は立奉楽、平庭、○蒔寄、○弓くぐり、神楽（鈴舞で普通はやらず、余興の時に出す庭）である。

3　鹿沼市上久我　富沢の獅子舞

天下一関白流。

旧正月十五日。

演目は、〇弓くぐり、平庭、神楽獅子、〇雌獅子隠し、門がかり、鳥居がかり、橋がかり、街道流し。

4　日光市山久保

関白流。

獅子舞は、七夕、お盆、二百十日の風祭りに行われる。

本庭、平庭は、それぞれ十二切りからなる。

平庭は、棒切、舞出、三拝、歌舞、庭見、こながし、ろりぎり、廻り切、ながし、中歌、でんでこぎり、山廻り、喧嘩切、笑勇切、陸道降りで構成される。

本庭は、棒切、舞出、とうとのまい、おかざき、おおながし、歌舞、庭見、入違、神楽舞、こながし、ろりぎり、廻り切、詩迦多、娥歌理、ながし、中歌、でんでこぎり、柴探し、喧嘩切、捲寄、花遊び、やまがらぎりで構成される。

注

9　尾島利雄『栃木県民俗芸能誌』錦正社　昭和四十八年

次に『日光市民俗芸能・技術映像記録事業報告書　獅子舞』（注10）で、これまで取り上げていない獅子舞についてみる。

1　黒部の獅子舞

文挟流。

かつては、旧暦六月二十五日の天王様、同七月七月二十四日の愛宕山神社祭礼、翌二十五日の鎮守山王神社祭礼、翌二十六日の二百十日及び八朔に行われた。平成二十四年からは、八月第四土曜日の一日のみ、山王神社、黒部自治会館において開催する。

演目は、神に奉納する神獅子と、人に見せる余興的な遊び獅子がある。

山王神社の神獅子をみる。

拝殿に向かって、右側に雄獅子、左側に太夫獅子、後ろに牝獅子である。

「いれは」は太夫獅子が参拝する。「休み」では、三頭の獅子が歌に合わせて舞う。「庭見」では、太夫獅子と雄獅子が力比べをする。太夫が勝ち「庭見」、次に雄獅子が「庭見」をする。三頭で歌を歌う。「花籠」では、三頭の獅子がお山で遊んでいる間に、牝獅子がはぐれる。太夫獅子と雄獅子が牝獅子を探して歩き、ようやく見つけ三頭が一緒になる。その後、太夫獅子と雄獅子はけんかになり、太夫獅子が勝つ。太夫獅子を慕う牝獅子は嬉しさを表現した舞いをする。三頭が仲直りをして、歌が三回歌われる。

お山できれいな花の香りを胸いっぱいに吸って「お山下り」で仲良く山を下る。

2　上栗山の獅子舞

文挟流。

八月下旬の三日間行う。

獅子舞の演目は、次のとおりである。

●神獅子、愛宕神社など神々に奉納する。

●遊び獅子、余興的な舞いで、「鈴ほろき」「弓くぐり」がある。

●寺獅子、先祖供養のために行う。「回向獅子」という。「門くぐり」「入れ違い」がある。

平成二十四年八月二十六日に行われた神獅子についてみる。

神獅子は、街道流しに続いて、舞い込み、いれは、参拝、休み、歌、庭見、ナガシノキリ、花籠、喧嘩、ドウゴシ、お山下り、休み、歌、舞い込み、からなる。

舞い込みは、太夫獅子、雌獅子、雄獅子の順で、足踏みをしながら太鼓を叩く。いれはでは、前に太夫獅子と雄獅子、後ろに牝獅子で、前に進み半回転し、前に進み、半回転し前に進むのを繰り返す。そして、太夫獅子が手を広げ、膝をついて礼をする（写真30）。

参拝し、歌になる（写真31）。歌の時には、三頭の獅子は座って、左手のバチを地面につき、右手のバチで太鼓を叩く（写真32）。歌は、

「庄屋様　いかなる良い日に　生まれきて　日に千貫の　錦の手わすら」である。

庭見は、三頭の獅子で舞った後、雄獅子が一人で舞う（写真33）。三頭で舞い、太夫獅子が一人で舞う。続く歌は、

「年寄様　我等のささらを　ささらとす　我等に御祝儀　かぶんなるもの」である。

花籠が、二つ出て、太夫獅子が花籠にかかる。花籠の間を通り、片方の花籠をじっくり見る（写真34）。もう一つの花籠もじっくり見る。戻り、もう一度花籠の間を通り、戻る。

太夫獅子、雌獅子、雄獅子の順で縦に並び、花籠の間を通り（写真35）、花籠を廻り、雌獅子が花籠の前に座る。太夫獅子と雄獅子は雌獅子を探して花籠の周りを廻る（写真36）。花籠が退き、太夫獅子と雄獅子が喧嘩をする（写真37）。

その後、三頭仲良く、お山下りをし（写真38）、礼をする。歌になり、三頭の獅子は座って、左手

30　上栗山の獅子舞１　太夫獅子が礼をする

31　上栗山の獅子舞２　歌をうたう

32　上栗山の獅子舞３　歌の時には、太鼓を叩く

33　上栗山の獅子舞４　雄獅子が舞う

34　上栗山の獅子舞５　太夫獅子が花籠を見る

35　上栗山の獅子舞６　３頭の獅子が花籠の間を通る

36　上栗山の獅子舞７　太夫獅子と雄獅子は雌獅子を探す

37　上栗山の獅子舞８　太夫獅子と雄獅子が喧嘩をする

38　上栗山の獅子舞９　３頭仲良くお山下りをする

のバチは地面につけ、右手のバチで太鼓の縁を叩く。歌は、

「大道国の　うばが酒　是飲む人は　いつもとしわか」である。

舞い込みで終わる。

3　土呂部《どろぶ》の獅子舞

関白流。

かつては、旧暦の七月二十三、二十四、二十五日の三日間行っていた。平成二十二年からは八月の最終土曜日一日のみになった。

演目は、平庭、庭舞とも呼ばれる。弓くぐり、鈴ほろき、がある。

10　注

注４書

まとめ

『三頭立て獅子舞　その歌と芸能の世界』（注11）では、歌が多く歌われる獅子舞を取り上げた。これらの獅子舞と、平庭を含む演目がある獅子舞の比較をする。

歌が多く歌われる獅子舞について、演目の内容をみていく。

1　那須町大字高久丙・一ツ樅獅子舞

獅子舞は、春は観音堂、秋は鎮守様で行われる。火ばさみ流という。

「四方固めの舞」などの後、敷かれた筵の上に座り、二首の歌が歌われる。

立って、三頭の獅子は向き合い、

「廻りは車　きょうから下る　唐いの屏風　ひといに　さらりと廻りこめ」の歌に合わせて右回りに廻る。

もう一首の歌が歌われ、歌の調子に合わせて踊る。花笠が四つ中央に立ち、獅子は「山廻り」を行う。女獅子が隠れるなどの内容の歌が三首歌われる。

三頭の獅子は大きく広がり、一首の歌が歌われ、もう一首の歌で、獅子は舞い、拝礼して終わる。

2　那須塩原市木綿畑本田《きわたはたほんでん》の獅子舞

獅子舞が行われるのは、四月の雷神社の祭りである。

獅子舞は、奴《やっこ》が先導し、獅子三頭が続く。三頭の獅子は後ろに座り、奴の所作が始まる。奴二人で所作をしながら口上を行う。

口上が終わると、獅子三頭が出てくる。歌が一首歌われた後、雄獅子が一頭ずつ四方を廻り、三頭で前進後退したりした後、三頭は三角形になったりし、その後、

「まわれまわれ　水ぐるま　京から下る　唐絵の屛風　ひとえにさらりと　まわりこめ」の歌になると、三頭は大きく廻る。三頭の獅子は三角形になり、歌が一首歌われ、

「思いかければ　あさぎりおりて　これのお庭で」の歌に合わせて大きく廻る。

続いて三首の歌が歌われるが、そのあいだに二頭の雄獅子は力比べをしたりする。

三頭の獅子は三角形になり、二首の歌が歌われ、終わりになる。

3　真岡《もおか》市中郷《なかごう》・大日堂の獅子舞

演目は一つで「イレハ」から始まる。

「イレハ」では大獅子が太刀で四方を祓《はら》う。歌は太刀納めの歌がある。

以下、本庭にうたう歌、「雌獅子隠しの歌」「歓喜の舞に口ずさむ歌」「獅子起こしの歌」「御山帰りの歌」「終わりの舞の歌」があり、歌の数は多い。

しかし、前の二ヶ所の歌は、歌の初めには、三頭の獅子が廻ることに伴い「回れ回れ」と歌われるが、この獅子舞ではそういうことがない。

これまで取り上げた獅子舞は、演目の中に平庭などがある獅子舞であり、演目は数演目ある。ただ、一ヶ所だけ、那須町高久丙・北条の獅子舞で、演目は、平獅子、投げ草、関森である。

歌が多く歌われる獅子舞では、演目の数が少ないのに対して、平庭を含む獅子舞は、演目が、一ヶ所を除いて、数演目である。

関白流の元祖と考えられている関白の獅子舞は、「天下一関白神獅子舞」といわれる。

演目は、平庭、蒔寄、唐土の舞、弓くぐり、芝隠し、神子舞などである。

鹿沼市板荷大原の獅子舞は、天下一関白流といい、鳥居がかり、橋がかり、いれちがい、平庭、神楽舞、いれは、鬼退治、弓くぐり、山まわり（山くずし）、四方固め、太刀ふり、であり、他の関白の獅子舞と比較すると演目が多いことが分かる。

文挟流では、日光市西小来川を取り上げる。演目は、街道上り、橋がかり、鳥居がかり、芝さがし、蒔き寄せ、平庭、神楽舞、弓くぐり、街道下りであり、関白流と明確な違いはみられない。

注　11　飯塚好『三頭立て獅子舞　その歌と芸能の世界』文芸社　二〇二一年

二　茨城県の獅子舞

1　古河市女沼《おなぬま》のささら（注1）

十一月十五日に近い日曜日に、香取神社に奉納する。

伝承では、武蔵国飯積《いいづみ》の平井覚亮が伝えたという。

太夫獅子、女獅子、後《あと》獅子の三頭。

演目は十二あったという。でわ、平にわ、のめりすりこみ、つるべ、のそろ笛、門かがり、橋がかり、蛇がかり、綱がかり、御幣たちうちの十あるが、花まわり、舞台がかりが復活できていない。

2　古河市関戸の獅子舞（注2）

十一月十五日、八幡神社の祭礼に獅子舞を奉納していた。

関戸下坪の獅子頭や用具を入れた長持ちには、

「武蔵国北埼玉郡飯積村平井祐作流門人　明治十四年六月吉日」と墨書された長持ちがある。

演目は門がかり、平庭などである。

3　境町塚崎の獅子舞（注3）

香取神社の祭り。四月十五日、七月十五日、十一月十五日に獅子舞を奉納する。

男獅子、中獅子、女獅子の三頭。

演目は、せきもんどりの舞、うずめの舞、はねこみ、ひら、女獅子隠し、梵天がかり、橋がかり、笹がかり、天水こぼしの九種類がある。

注
1　『総和町史　民俗編』総和町　二〇〇五年
2　注1に同じ
3　「茨城県指定無形文化財　塚崎の獅子舞」塚崎獅子舞保存会

三　千葉県の獅子舞

1　千葉郡睦村吉崎小字尾崎台（注4）

九月一日、八朔、作祝い。
演目は、橋渡し、弓くぐり、巫女舞、平獅子がある。

注
4　古野清人『古野清人著作集6　日本の宗教民俗』三一書房　一九七三年

まとめ

茨城県では、平庭が二ヶ所、ひらが一ヶ所、千葉県の獅子舞では平獅子が一ヶ所あるだけである。

四　群馬県の獅子舞・ささら

平庭や平ささらという演目は、群馬県では多くの獅子舞にみられる。栃木県に接している県境が長いので、文挟流や関白流に関わる獅子舞もある。中には「下総《しもふさ》」という千葉との関わりがあると考えられるものとか、さらに埼玉県でもみられる「下妻」という演目もある。

最初に、群馬県で広くみられる稲荷流について簡単にみておく。

稲荷流の元祖といわれる甘楽町《かんらまち》那須の獅子舞の文書をみる（注1）。

由来の文書には、「獅子伝来」について、「幣掛」「笹掛」「綱掛」「雌獅子隠」「六人獅子」「雷電切口傳」「十六人獅子」がある。

「笛曲調分切」には、「平獅子　切多宜随師心須時口傳」「剣獅子　切四通」「華吹　切五通」「幣掛切六通」「笹掛　切七通」「綱掛　切六通」「女獅子陰　切七通」「六人獅子　切七通」「雷電切　切八通」「十六人獅子　切十六通」がある。

また、獅子の演目について、「神代獅子由来」では演目の説明がある。

それらの演目名だけを列挙する。

「花吸」「舞台掛リ」「御幣掛リ」「笹欠リ」「雷電伐リ」「十六人獅子」「獅子隠シ」「獅子剣」「綱欠リ」「鞠欠リ」「弓欠リ」「こばん欠リ」である。

なお、那須の獅子舞では、「平獅子」のことが、現在演目名では確認できないし、その内容についても確認できない。そのため、栃木県の獅子舞との関わりが直接的には確認できない。

ここでは、那須の獅子舞の文書に「平獅子」があるということと、演目の多さと、那須の獅子舞との関わりがあるという獅子舞は、周辺の富岡市や藤岡市などで広くみられ、群馬県の最も代表的な獅子舞であるということを指摘しておきたい。

以下、平庭や平ささら、栃木県や周辺の県などとの関わりがみられる獅子舞をみていく。

1　安中《あんなか》市松井田町行田獅子舞、横川獅子舞、小竹獅子舞（注2）

黒熊流下総派。

行田獅子舞は春と秋の祭りに奉納した。

小竹の獅子舞は「いまから百五十年ほど前に北甘楽郡吉野平から指導者を招いて四月三日の春祭りに奉納した」という。

2　安中市嶺獅子舞（注3）

現在行われている獅子舞では分からないが、昭和五十三年二月の嶺獅子舞保存会の歌の資料には、「平庭のうた」が掲載されている。

一　天神林の　梅の木は　蕾みさかりに　曲はすうましょ
二　国からは　急げもどれの　文が来て　お暇申して　戻りこがささら
三　深山の　兎は何を　見てはねる　十五夜月見て　三つはねるよな
四　むさし野に　月の入るべき　山もなや　尾花がくれに　ひけよ横雲
五　白さぎは　海のと中に　巣をかけて　波にゆられて　ぱとたちそろ
六　七つびょうしに　八つ八つびょうし　九つ拍子に　十びょうしよな
七　雨がふりそで　雲がたつ　おいとま申して　もどりこがささら

とある。

3　安中市後小峯の獅子舞（注4）

お宮参りの構成は次のとおりである。

ふりこみ（振り込み）

おかざき（岡崎）
とんびり
平がかり（幣がかり）
はなすい（花吸い）
泥鰌《どじょう》ふみ
つながかり（綱がかり）
である。
お宮参りは「産土様《うぶすな》への神鎮めの奉納の舞で、初めて獅子組に入る若衆が大人の仲間に入った報告をするお礼の獅子舞であると考えられる」とある。「平がかり」は「幣がかり」ともあり、今まで取り上げてきた「平庭」とは関係ないと思われるが、一応挙げておく。

4　下仁田町芦の平獅子舞《しもにたまちあしのたいら》（注5）

黒熊下総流
十月十四日、諏訪神社、十五日、荒船神社
下総という演目がある。

5　富岡市上丹生《かみにゅう》の獅子舞（注6）

八幡様で十月十五日。

演目は、幣がかり、しもおさ、花すい、山雀、天狗拍子、まり掛り、つるぎ、雌獅子隠し、笹掛りである。

しもおさという演目があり、内容は確認できていない。

6　富岡市星田（注7）

八幡神社で十月十五日。

演目は、平庭、ツンリャルトー、女獅子かくし、礼ざさら、門入り、羽根休めなどである。

7　南牧村底瀬獅子舞（注8）

黒熊下総流である。

8　南牧村大仁田の獅子舞（注9）

九月十五日、大仁田神社で行われる。

演目は、ひら、からばつ、笹がかり、大ぶるい、花がかり、雌獅子がかりである。

9　上野村塩ノ沢の獅子舞（注10）

南牧村大仁田から伝えられたという。「雲切り流」という。

演目は、ひら、森にてひら、つくば獅子、笹がかり、からばつ、花がかり、女獅子がかり、天狗拍子、銀ぎゃく、である。

令和五年には「ひら」「つくば獅子」「銀ぎゃく」を見ることができた。「ひら」からみていく。

先獅子、女獅子、後獅子は横一列である。前を向き太鼓を叩く。右を向き、左を向いて太鼓を叩く（写真39）。時計回りに廻り、丸くなる（写真40）。

太鼓を叩きながら、各獅子は反時計回りで回りながら、三頭全体では時計回りに廻る（写真41）。

「廻れ廻れ水車　おそく廻りて　せきのと廻るな　おそく廻りてせきのと廻るな」と歌われる。

三頭の獅子はそれぞれ反時計回りに回りながら、三頭は時計回りに廻る。

「京からくだる　からえのびょうぶ　ひとえにさらりと　ひきやまわした　ひとえにさらりと　ひきやまわした」の歌に合わせ、前と同じように回りながら廻る。

「七つ子が　ことし初めて　ささらする　よくはなけれど　おめにかけそろ」の歌に合わせ、三頭は時計回りに廻り、三頭はそれぞれ半回転して、反時計回りに廻る。そして、三頭の獅子は斜め上でバチどうしを叩く（写真42）。

「太鼓打ち　太鼓よく打ち　人がきく　他家のお人の　お目が恥かし　他家のお人の　お目が恥かし」の歌に合わせ、三頭の獅子は時計回りに廻り、三頭はそれぞれ半回転して、反時計回りに廻る。

そして、三頭の獅子は斜め上でバチどうしを叩く。

三頭の獅子は内側を向いて太鼓を叩き、斜め上でバチどうしを叩く。三頭の獅子は時計回りに廻り、三頭はそれぞれ半回転して、反時計回りに廻る。

最後に横一列になり、太鼓を叩いて終わる（写真43）。

続いて、「銀ぎゃく」についてみる。

横一列で、前を向いて太鼓を叩く。右左を向いて太鼓を叩く。

左を向いて、バチを斜め上で軽く叩く（写真44）。丸くなり太鼓を叩く。

「廻れ廻れ水車　おそく廻りて　せきのと廻るな　おそく廻りて　せきのと廻るな」

この歌の時には、三頭の獅子は、それぞれ反時計回りに回りながら、全体は時計回りに廻る（写真45）。

39　上野村塩ノ沢の獅子舞１　３頭の獅子は太鼓を叩く

40　上野村塩ノ沢の獅子舞２　時計回りに廻る

41　上野村塩ノ沢の獅子舞３　時計回りに廻る

42　上野村塩ノ沢の獅子舞４　３頭の獅子はバチを叩く

43　上野村塩ノ沢の獅子舞５　横一列になり太鼓を叩く

44　上野村塩ノ沢の獅子舞６　バチを叩く

45　上野村塩ノ沢の獅子舞７　時計回りに廻る

「京から下る　から絵の屛風　ひとえにさらりと　引きやまわした　ひとえにさらりと　引きやまわした」

この歌の時には、三頭の獅子は、それぞれ時計回りに回りながら、全体は反時計回りに廻る。

「七つ子が　今年初めて　ささらする　よくはなけれど　お目にかけそろ　よくはなけれど　お目にかけそろ」

この歌の時には、三頭の獅子は、二つ前の歌の時と同じことを繰り返す。

「かまくらの　御所の見こしに　雪降りて　雪をこかげに　たつがまいたよさ　雪をこかげに　たつがまいたよさ」

この歌の時には、三頭の獅子は、二つ前の歌の時と同じことを繰り返す。

「おもいもよらぬ　朝霧が下りて　そこで女獅子が　隠されたよさ　そこで女獅子が　隠されたよ

さ」

この歌の時には、三頭の獅子は、それぞれ反時計回りに回りながら、全体は時計回りに廻る。

女獅子は、この歌の後、少し離れる。

「なにと女獅子をかくしても　ついに一度は　めぐりあうべし　ついに一度は　めぐりあうべし」

この歌の時には、前と同じことを繰り返す。

ここで、男獅子二頭は刀を咥《くわ》える。そして、四辺で同じことを繰り返す。その時に歌われる歌は次のとおりである。

四辺で、二頭の男獅子が争う場面（写真46）では、

「どうでもこずまい　いまいちどさ」と、この歌が数回繰り返される。

そして、次の四方の一辺に移る時には、

「山がらが　山が憂いとて　里へ出て　これのお庭で　羽を休めろ」が歌われる。

二頭の獅子は、それぞれ跳んで回って、移動する（写真47）。

終わると、刀を外す。

続いて、二つの花笠（人が座る）の間に女獅子が入る。花笠の間を算用数字の8のように二周廻る（写真48）。その間に歌われるのが次の歌である。

「おく山の　岩に女獅子が　すをかけて　岩を砕いて　女獅子たずねる　岩を砕いて　女獅子たずねる」

「天竺の　あいその川原の　はたにこそ　宿世結びの　神のたたりに　宿世結びの　神のたたりに」

「まことにも　宿世結びの　神ならば　おもを女獅子に　結びたもれよ　おもを女獅子に　結びたもれよ」

「中立ちも　中心を　つくさより　いでてわれらと　肩を並べる　いでてわれらと　肩を並べる」

「うれしやな　神のこりしょが　ござるけて　おもを女獅子に　おおぞうれしや　おもを女獅子におおぞうれしや」

横一列になり、左右を見ながら太鼓を叩く（写真49）。この時歌われるのは、

「これのおつぼの　ぼたん花　つぼみさかりで　きょくおすます　つぼみさかりで　きょくおすます」である。

丸くなり、内側を向いて太鼓を叩いて時計回りに廻る。この時の歌は、

「あれを見さい　竹にからまる　はいふじを　きりてほぐせば　ほろりとほぐれる　きりてほぐせばほろりとほぐれる」である。

太鼓の縁、太鼓を叩いて、反時計回り、半回転して時計回りに廻る（写真50）。バチを斜め上で叩く（写真51）。この時の歌は、

「国からも　急げ戻れと　文が来て　おいとま申して　戻りこささら　おいとま申して　戻りこささら」である。

内側を向いて太鼓を叩いて、三頭の獅子は、それぞれ反時計回りに回りながら、三頭は時計回りに

46　上野村塩ノ沢の獅子舞８　２頭の男獅子が争う

47　上野村塩ノ沢の獅子舞９　跳んで回って移動する

48　上野村塩ノ沢の獅子舞10　２頭の男獅子が花笠の間を廻る

49　上野村塩ノ沢の獅子舞11　横一列で左右を見ながら太鼓を叩く

50　上野村塩ノ沢の獅子舞12　時計回りに廻る

51　上野村塩ノ沢の獅子舞13　バチを叩く

廻る。

三頭は横一列になり太鼓を叩き、礼をして終わる。

10　上野村川和神社の獅子舞（注11）

諏訪神社の祭りは九月二十七日である。

演目は、少年組、寄せ、しもつま、芋ふみ、おかざき、神楽、ごへんぱい、まりがかり、甘酒呑みである。青年組は、寄せ、しもつま、ひら、笹がかり、花がかり、ぎんぎゃく、甘酒呑みである。

令和五年には、少年組は、寄せ、しもつま、芋ふみ、おかざき、神楽、ごへんぱい、まりがかり、を行った。青年組は、寄せ、しもつま、ひら、花がかり、を行った。

この獅子舞を取り上げたのは、埼玉県の秩父でみられる下妻と同じ名称の演目がみられることからであり、ひらという演目もある。

「しもつま」についてみる。

三頭の獅子は、それぞれ反時計回りに回りながら太鼓を叩き、三頭全体は時計回りに廻る（写真52）。

内側を向いて右手左手のバチで太鼓を叩きながら、片方のバチを持った手は斜め上に上げる（写真53）。これらのことを繰り返し、元の位置に戻り、太鼓を叩き、バチを地面につく。

続いて、「ひら」についてみる。

三頭の獅子は時計回りに太鼓を叩きながら廻り始め、それぞれの獅子は反時計回りに回り、内側を向いて足を交互に前に出し（写真54）、時計回りに廻る。三頭の獅子は、それぞれ反時計回りに回り、内側を向いて両足跳びで時計回りに横に跳ぶ。

足を交互に前に出し廻るのと、両足跳びで跳んで廻るのを繰り返す。

それぞれの獅子は反時計回りで回って、片膝をつき片足を前に出し太鼓を叩く（写真55）。片足を出すのは右、左と替える。

立って、太鼓を叩きながら両足跳びで時計回りに廻る。太鼓を叩きながら、背中合わせになり、足を前に出すのを右、左と替える。太鼓を叩きながら両足跳びで時計回りに廻る（写真56）。

太鼓を叩きながら、片足跳びで時計回りに廻り、反時計回りに一歩戻る。

三頭の獅子は、それぞれの獅子は反時計回りに回りながら、時計回りに廻る。それを繰り返すが、大きく時計回りに廻る。

太鼓を叩きながら、背中合わせになり、足を前に出すのを右、左、右と替える（写真57）。

内側を向いて、片足跳びで時計回りに廻る。

三頭の獅子は、それぞれの獅子は反時計回りに回りながら、時計回りに廻る。それを繰り返すが、大きく時計回りに廻る。最後には、バチを地面について終わる。

「しもつま」については、内容が埼玉県秩父地方の「下妻」と異なる。「ひら」は、塩ノ沢の獅子舞

52　上野村川和神社の獅子舞１　時計回りに廻る

53　上野村川和神社の獅子舞２　片方のバチを持った手を斜め上に上げる

54　上野村川和神社の獅子舞３　内側を向いて足を交互に前に出す

55　上野村川和神社の獅子舞４　片膝をつき太鼓を叩く

56　上野村川和神社の獅子舞５　両足跳びで時計回りに廻る

57　上野村川和神社の獅子舞６　背中合わせで太鼓を叩く

も、三和の獅子舞も、廻ることが中心になるのは共通している。

「しもつま」もそうであるが、「ひら」も、三和の獅子舞には歌が伴っていないことが塩ノ沢との大きな違いである。今回の調査で見ることができなかった「ぎんぎゃく」も、歌が伴っていないという。

11　上野村野栗沢神社の獅子舞（注12）

十月二日の祭りに奉納する。

演目は、すりだし、礼ざさら、おかざき、ぎんぎゃく、へいがかり、つながり、はなかがり、金びょうし、天狗びょうし、くもちらし、めいしがくし、である。

ここでは、ぎんぎゃくがあるので取り上げた。

12　藤岡市森獅子舞（注13）

昭和四十三年頃から、三月十五日に近い日曜日に飯玉神社で行うようになった。以前には十月九日にも行った。

昭和二十二年三月三月の針ヶ谷弁三が書いた『森獅子舞之符』から引用する。

〔舞ノ順序　会所ヨリ出発ノ時　岡崎　平庭鎮守詣　振込　岡崎　（省略）剣ノ舞　平庭数曲（内ボ

ンデン二、三回）歌（数回）振出寺詣　振込　岡崎　横サヲ　平庭　歌　振出（一般役員廻）振込
平庭　歌　振出〕

13　吉岡町南下八幡神社獅子舞（注14）

関白龍天流という。

14　前橋市野良犬の獅子舞（注15）

関白龍天流という。
十月九日の八幡神社。
前庭、宮巡り、飛入り、伊勢切り、天狗、拍子、大山切、眺めである。
後庭、塩汲み、岡崎、雀切、文殊の切、ささら三拍子、八つ切、狂いである。

15　みどり市小中の獅子舞（注16）

六月十五日、九月十九日の祭りに奉納する。

演目は、ひろ庭、笹がかり、幣づくし、牝じしかくしである。

16　前橋市粕川町月田近戸《かすかわまちつきだちかど》神社獅子舞（注17）

九月一日、近戸神社例祭。

天下一日鋏流。

17　伊勢崎《いせさき》市下渕名《しもふちな》の獅子舞（注18）

十一月三日、大国神社秋の大祭に行う。

火鋏流。

演目は、ねり込み、平ざさら、かしこまり、橋がかり、女獅子隠しである。

昭和六十三年十一月三日には、午前中村回り、大国神社では「ねり込み」「かしこまり」、午後二時頃から「女獅子隠し」「橋がかり」が行われた。

それ以前には、妙真寺で「平ざさら」、大国神社で奉納舞、村回りをし、夕刻からは、妙心寺で一晩中舞ったという。

18　伊勢崎市東新井獅子舞（注19）

文挟流。栃木県の文挟に起こった獅子舞が、足尾を経て、江戸時代初期頃に東新井に伝えられたという。

神明宮、妙見宮で行われる。

演目は、ひらざさら、橋がかり、ぼんぜんがある。ひらざさらは、新参組が神明宮で舞う。橋がかりは、中堅組が妙天宮で舞う。ぼんぜんは、長老組が妙天宮で舞う。

19　伊勢崎市境町上矢島の獅子舞（注20）

文挟流。

十月十七日、秋祭り。

演目は、ひらの舞、御山の兎の舞、十七の舞、橋がかり、女獅子隠しである。

20　伊勢崎市国定町赤城神社獅子舞（注21）

日鋏流。

演目は、礼ざさら、守友、宮子、日挟み、庭舞い、注連がかり、笹がかり、鳥居、牝獅子隠しである。平ささらという演目ではなく、「日挟み」が行われる。

21　伊勢崎市香林町《こうばやしちょう》虚空蔵様の獅子舞（注22）

六月十五日、九月二十九日の縁日。

演目は、幣がかり、しめ掛け、女獅子がくし、ひばさみ、社ぎりである。

ひらざさらという演目ではないが、火鋏流などと同じひばさみという演目なので、ここで取り上げた。

22　太田市新井八幡宮獅子舞（注23）

十月十四日、十五日、八幡宮の祭り。

演目は、平庭、梵前かかり、橋掛り、雌獅子隠しである。

平庭は、道中、鳥居、ふち、ねり、トーホーヒ、トーヒャリ、四つ太鼓からなる。

なお、写真は子供たち三人が二組、そして、獅子頭を着けていない。

道中から鳥居の舞いになり、続いて三頭は横一列になり、座る（写真58）。太鼓を叩いて立ち、所作をし（写真59）、前を向いて太鼓を叩き、右を向いて太鼓を叩き、前を向いて左を向いてを交互にして太鼓を叩く。一歩進み、右を向いて太鼓を叩き、前を向いて太鼓を叩く。一歩進み、左、前を向いて太鼓を叩く。後退する。

座って太鼓を一回叩いて、立って太鼓を叩く。所作をし、その場で反時計回りに回る。右を向いて太鼓を叩き、前を向いてバチを叩く。その場で反時計回りに回り、右を向いてバチを叩く（写真60）。左を向いて太鼓を叩き、前を向いてバチ、太鼓を叩く。

反時計回りに回り、右を向いて太鼓を叩き、前を向いてバチを叩き、縁を叩く。反時計回りに回り、右を向いてバチ、縁を叩く。前を向いて縁を叩く。左を向いて太鼓、前を向いて太鼓を叩く。反時計回りに回り、右を向いて太鼓を叩き、前を向いて、太鼓と太鼓の縁を叩きながら前進後退する。

前を向いて太鼓を叩き、反時計回りに回り、太鼓を叩く。太鼓と太鼓の縁を叩いて前進、後退する。前を向いて太鼓を叩き、所作をすることを三回行う。

座って、太鼓を一回叩いて立ち、左を向いて太鼓の縁を叩く。

反時計回りに回り、右を向いて縁、左を向いて縁を叩くのを三回繰り返す。前を向いて太鼓を叩く。反時計回りに回り、右を向いて縁、左を向いて縁を叩くのを四回繰り返し、五回目は右を向いて縁を叩く。前を向いて太鼓を叩く。反時計回りに回り、右を向いて縁、左を向いて縁を叩くのを六回繰り返す。

前を向いて太鼓を叩く。反時計回りに回り、右を向いて太鼓を叩く。前を向いて太鼓と太鼓の縁を叩き、前進後退する。同じことを繰り返す。

前を向いて太鼓を叩き、所作をするのを三回行う。

座って太鼓を一回叩き、立って左を向いて太鼓の縁、右を向いて太鼓の縁を叩くのを三回繰り返す。

四回目に左を向いて太鼓の縁を叩く。

太鼓を叩いて前進する。右を向いて太鼓の縁、左を向いて太鼓の縁を叩くのを五回繰り返す。

太鼓を叩いて一歩前進する。右を向いて太鼓の縁、左を向いて太鼓の縁を叩くのを三回繰り返す。

三頭の獅子は、右の片足を合わせ所作（写真61）、左足に替えての所作、右足に替えての所作をする。前を向いて太鼓を叩く。時計回りに回りながら太鼓を叩く。

横一列になり、所作をし、太鼓を叩き、右を向いて所作をし、太鼓を叩き、左を向いて所作をする。太鼓を叩きながら後退する。

左を向いて所作をし、右を向いて所作をする。太鼓を叩いて後退する。

時計回りに廻りながら太鼓を叩く。向かい合い、太鼓を叩いて回る。

廻りながら太鼓を叩き、内側を向いて太鼓を叩く。背中合わせで太鼓を叩く。繰り返す。

時計回りに廻りながら太鼓を叩く。反時計回りに回りながら太鼓を叩く。

内側を向いて太鼓を叩きながら時計回りに回り、反時計回りに回り、横一列になる。

前を向いて太鼓を叩く。右、左を向いて太鼓を叩きながら後退するのを繰り返す。

時計回りに廻りながら太鼓を叩き横一列になる。

58　太田市新井八幡宮獅子舞１　横一列で座る

59　太田市新井八幡宮獅子舞２　太鼓を叩いて所作

60　太田市新井八幡宮獅子舞３　右を向いてバチを叩く

61　太田市新井八幡宮獅子舞４　右の片足を合わせ所作

前を向いて太鼓を叩く。所作をする。太鼓と太鼓の縁を叩いて前進後退する。

23 太田市東矢島長良神社獅子舞（注24）

春祭り四月十八日、秋祭り十一月二十四日である。

演目は、平庭、梵前、橋掛り、雌獅子隠しである。

平庭は、演目の前と後に必ず舞う。

宿を出発する時に、宿へのお礼として平庭を舞った。

平庭についてみる。

三頭横一列で、太鼓を叩きながら前進する（写真62）。回って太鼓を叩く。頭を振る。一歩戻って頭を振る。さらに一歩ごとに頭を振り三歩戻る。太鼓を叩きながら前進する。回って太鼓を叩く。頭を振る。一歩戻って頭を振る。さらに一歩ごとに頭を振り三歩戻る。

太鼓を叩きながら丸くなる（写真63）。太鼓と太鼓の縁を叩きながら反時計回りに廻る（写真64）。太鼓と太鼓の縁を叩きながら時計回りに回る。太鼓を叩きながら足踏みをして左右に動く。太鼓と太鼓の縁を叩いて左右に動く。

太鼓のバチを叩いて（写真65）、大きく広がり戻る。三度繰り返す。頭を左右に振りながら太鼓を叩いて、大きく広がる。外側を向いて太鼓を叩く（写真66）。これを繰り返す。

62　太田市東矢島長良神社獅子舞１　３頭横一列で太鼓を叩きながら前進

横一列に戻り、足踏みをしながら太鼓を叩く。太鼓の縁を叩きながら、太鼓のバチを、左手、右手とかざす（写真67）。

前進し回りながら戻り、バチをかざす所作をする。同じことを三回繰り返し、全体で四回同じことをする。

前進しながらバチをかざし、丸くなる。

外側を向いてバチをかざす所作をする。内側を向いて頭を振りながら太鼓を叩く。同じことを繰り返す。

太鼓の縁を叩いて回る。内側を向いて、回りながら太鼓を叩く。片足ずつ前に出しながら太鼓を叩く（写真68）。

太鼓の縁を速く叩き後退。太鼓を叩きながら反時計回り、時計回りに回る。

横一列になり、足踏みをしながら太鼓を叩く。

63　太田市東矢島長良神社獅子舞２　太鼓を叩きながら丸くなる

64　太田市東矢島長良神社獅子舞３　反時計回りに廻る

65　太田市東矢島長良神社獅子舞４　太鼓のバチを叩く

66　太田市東矢島長良神社獅子舞５　外側を向いて太鼓を叩く

67　太田市東矢島長良神社獅子舞６　太鼓のバチをかざす

68　太田市東矢島長良神社獅子舞７　片足ずつ前に出し太鼓を叩く

24　太田市阿久津町の獅子舞（注25）

秋祭りの十一月十八日、十九日に行う。

演目は、平庭、ぼんでん、女獅子隠しである。

十八日、阿久津稲荷神社「ひらにわ」、荒久稲荷神社「ひらにわ」「ぼんぜん」。夜には、阿久津稲荷で、「ひらにわ」「ぼんぜん」。十九日には阿久津稲荷で「ひらにわ」、正光寺で「ひらにわ」。十一月二十三日には岩松八幡宮で「ひらにわ」が行われる。

25　太田市堀口の獅子舞（注26）

十一月十四日、加茂神社の秋祭り。

演目は、「ひらにわ」「ぼんぜん」「牝獅子かくし」である。

26　邑楽郡明和町斗合田《とごうた》のささら（注27）

天下一日光文挟流である。

夏に行われるが、雨乞いにも行われた。

演目は、うず女、鐘巻、平ささら、橋わたり、〇弓くぐり、梵天、笹がかりである。

七月二十三日に準備が行われると、「祈り」と称する獅子舞を行う。

八坂神社、愛宕神社に奉納し、長良神社、天神様、稲荷神社、松井田権現様、八幡宮、湯殿様、稲荷神社と廻り奉納する。演目は「平ささら」である。

七月二十四日は本ササラ祭りである。愛宕神社、八坂神社、本堂、戦没者供養塔で行う。この後、「厄神除け」といい、村境を廻る。

厄神除けの後、ヤクニワといい、「弓くぐり」「カネマキ」等区長の家、社寺總代、師匠の代表の家などで舞う。

お礼ササラといい、ヤクニワの後、万日堂で「ササガカリ」を舞う。

27　明和町下江黒のささら（注28）

「祈り」が旧六月十四日で、祭りの準備、本祭りが旧六月十五日である。

演目は、オンベ、ヒラ、チェンロレ、うず女、鐘巻、橋がかり、花がかりである。

八坂神社を出発し、長良神社ではオンベを舞う。八幡様ではチュンロレ、氏子衆の碑の前、金剛院の不動様の前、戦死者の供養塔では、チュンロレを舞う。

午後には、宝寿寺と境内の馬頭観音の前、区長宅、師匠宅では「本ニワ」を舞う。「本ニワ」とは、オンベ、ヒラ以外のものである。

旧六月十六日は厄神除けで、むらの神社と希望する家を廻る。この後、「辻廻り」といい、地域境にオンベを納める。

28　大泉町仙谷のささら（注29）

神明宮で行われる。

演目は「平ざさら」「橋がかり」「牝獅子かくし」である。

29　板倉町籾谷の獅子舞（注30）

板東助作流。

七月二十四、二十五日、長柄神社の祭り。春秋四回の厄神除け。

演目は、渡り節、しめがかり、神祇、歌切り、小がけ、雌獅子隠しである。

例えば、しめがかりは、金蒔き、チンドレロ、トリレリ、チーラリ、トヒコライライという五曲から構成されているし、葉ざさらは、ウタギリ、チーレレ、ニカゲ、トートロメの四曲から構成されていて、埼玉県加須《かぞ》市の平井祐作流と類似している。

30　飯野新村耕地の獅子舞（注31）

日光文挟流。

七月十四日、祈り。十五日、厄神除け、毎戸訪問、辻固め。十六日、駈けざさら（水害、風害除け）。

演目には、かんむり、弓がかり、社切り、三本くづし、すがわら、がある。

31　飯野本村の獅子舞（注32）

日光助作流。

七月十四日、祈り。十五日、雨乞い、社寺、各家回り、辻固め、厄神除け。

演目は、宮ずり、花、綱渡り、橋渡りである。

32　飯野中新田耕地の獅子舞（注33）

井上流。由来は、中新田耕地と待辺耕地の人たちが、埼玉県北埼玉郡村君村下村君の人に習ったためという。

七月十四日夜、祈り、辻ずり。十五日、本祭り。十六日は厄神除けに獅子舞が行われた。

33　島耕地の獅子舞（注34）

板東祐作流。

春祭り、秋祭り、雨乞いに獅子舞が行われる。

演目は、すりこみ、いれは、社切り、小笹の舞、すがわら、岡崎、大川崎、花見の舞、おいとま、道中帰り、である。昔は「役物」といって、雌獅子隠し、弓くぐり、橋渡りがあった。

34　海老瀬、通り耕地の獅子舞（注35）

平井助作流。

春祭り、夏祭り。

舞踊曲は、門がかり、神祇、厄神除、岡崎、しんぱ、大がかり、注連がかり、大門である。昔は役物といって、四つ花、蛇がかり、橋がかりがあった。

注
1　『甘楽町史』甘楽町役場　昭和五十四年
2　小村文男『碓氷地方の郷土芸能』（声の友社　昭和五十八年）と『松井田町誌』（松井 田町史編さん委員会　昭和六十

年）
3 『安中市史　第三巻　民俗編』安中市　平成十年
4 注3書
5 『群馬の獅子舞』群馬県獅子舞保存会　昭和五十八年
6 萩原進『郷土芸能と行事（群馬県）』煥乎堂　昭和三十二年
7 『富岡市史　民俗編』富岡市　昭和五十九年
8 『南牧村誌』南牧村長　昭和五十六年
9 注8書
10 『上野村の文化財・芸能』上野村　平成十三年
11 『上野村の民俗』上野村　平成十二年
12 注11書
13 『藤岡市史　民俗編下巻』藤岡市　平成七年
14 注5書
15 『前橋市民俗文化財調査報告書第二集　利根西の民俗―清里・総社・元総社・東地区―』前橋市教育委員会　平成三年
16 『勢多郡誌』勢多郡誌編さん委員会　昭和三十三年
17 注16書
18 『境町史第二巻　民俗編』境町　一九九五年
19 注18書
20 注18書
21 『東村誌』東村役場　昭和五十四年
22 『赤城村誌（下）』赤城村役場　昭和五十三年

23 『太田市史通史編　民俗』太田市　一九八四年
24 注23書
25 『尾島町史　通史編下巻』尾島町　平成五年
26 注25書
27 『群馬県民俗調査報告書第二十四集　明和村の民俗』群馬県教育委員会　昭和五十七年
28 注27書
29 『大泉町誌上巻　自然編・文化編』昭和五十三年
30〜35 『板倉町の郷土芸能と水害圏の信仰』板倉町　昭和五十五年

まとめ

群馬県では、獅子舞を行う団体が多く、歌が多くうたわれる獅子舞も多い。『三頭立て獅子舞　その歌と芸能の世界』、それに『三頭立て獅子舞　歴史と伝承』で取り上げた獅子舞についてみていく。

1　渋川市行幸田《みゆきだ》の獅子舞

歌が多く歌われるのは「十二切り」である。演目はもう一つある。「十二切り」は、「入り違い」「真庭」「居眠り」「天狗拍子」「伊勢切り」「鹿島切り」「中入り」「立歌」「三拍子」「立山雀」「雌獅子隠し」「雌獅子出し」であり、「真庭」で最初の歌がうたわれる。

「京から降った唐絵の屏風を一重にさらりと日が廻された」

「雌獅子出し」で最後の歌、

「我が里から文が来て読んで見たれば帰れと書いたった」である。

2　みなかみ町藤原下組の獅子舞

この獅子舞は以下の三演目がある。

●国久保

「入羽」「遠見の座」に続いて、「前吉利」の歌は、

「廻れ廻れ水車　遅く廻りて　せきに止まるな　関に止まるな」で、時計回りに廻る。

「歌吉利」「小歌吉利」「岡崎」「中吉利」「雲吉利」「後吉利」で終わる。

「後吉利」で最後の歌は、

「十七の　裾やたもとに　糸つけて　しなやしなやと　後へ控えな　後へ控えな」である。

●日本がかり

「入羽」「初吉利」「庭見」があり、「前吉利」の歌は、

「京でごかんの　唐絵の屏風　一重にさらりと　立や廻した　立や廻した」で、時計回りに廻る。

「居眠り」「嬉戯」「歌吉利」「飛躍の座」「花見の座」「中吉利」「雀の吉利」「後吉利」と続き、「社吉利」で終わる。

「後吉利」の最後の歌は、

「斯国で　雨が降るげで　雲が立つ　お暇申して　花の都へ　花の都へ」である。

●やまがかり

「入羽」「初吉利」「庭見」、「前吉利」で、

「京ではやりし牛車　この座をさらりと　曳きや廻した　曳きや廻した」の歌に合わせ廻る。

「歌吉利」「小歌吉利」「遠乗りの座」「中吉利」「駒の吉利」「後吉利」と続き、「社吉利」で終わる。

「後吉利」の最後の歌は、

「白銀の　遣堵の障子を　後へ引く　それを見真似に　後へ控えな　後へ控えな」である。

3　中之条町岩本獅子舞

岩本諏訪神社の九月二十七日の祭りに行われる。所役は前獅子、仲獅子、後獅子、天狗、笠を被る頭太鼓、サルとオニは手にササラを持つ。

演目は、前庭と後庭からなる。

前庭は、「ヒャーヒャート」「内崩し（太鼓のみ）」、そして、歌になる。

「まわれやくるま　みずぐるま　おそくまわりて　せきにとまるな　せきにとまるな」

続いて、「きり（太鼓のみ）」で歌が五首ある。「内崩し」「トーピーチャーチャプラ」で歌が四首、「いどみ（太鼓のみ）」で歌が一首歌われ、「岡崎くずし」「春駒のきり（太鼓のみ）」で歌が一首、「すくい（太鼓のみ）」「十七のきり（太鼓のみ）」で歌が一首、「ヒンリャリ」で歌が一首、「すくい」で歌が一首、「チャラト」で終わる。

前庭の最後の歌は、

「十七の　ひだりたもとに　糸つけて　そろりそろりと　ひけや友達　ひけや友達」である。

後庭は「トオロトオゲ」で歌があり、獅子舞を見に行った時は二首の歌が歌われたが、十首の歌が歌われていた時もあったと思われる。それを列挙する。

「法眼の東下り笈は何でつつんだ」
「錦のなゆたんかけて鹿の子皮で包んだ」
「かわらごにひるねしておとりかごわすれた」
「とりかごが二貫二百とりが三貫三百」
「合わせて五貫五百さてもおしのとりかご」
「十七のお方よりもさてもおしのとりかご」
「しもつまの高や殿は笛でなんぼめされた」
「吹く風に笛を吹かせて波に太鼓をうたせた」

「鎌倉の御所の前を笠をぬいで通れば」

「西まどによりかかりお笠めせよとよばわる」

これらの歌においては、足踏みをしながら太鼓と太鼓の縁を叩く。そして、横向きで前進後退する。

これらの歌の内容は、栃木県日光市の「朗詩舞」などで歌われる歌の内容と共通性がある。

続いて「追まわし（太鼓のみ）」で、「本岡崎」で歌が数首歌われ、最初の歌は、

「京で九貫の唐繪のびょうぶひとえにさらりとたてまわせ、たてまわせ」である。

この後、四首の歌がある。本岡崎では、丸くなって、片足跳びで太鼓を叩いたり、後ろを向いて太鼓の縁を叩いたりする。

続いて、「ヒャリヒャリトオロ」では歌が七首歌われる。

「いどみ（太鼓のみ）」、そして「トオヒイガラガラ」で歌一首、次の笛で歌一首。「追まわし」で歌一首。「トロロリ」で歌が二首、「オヘリャリ」で終わる。

後庭の最後の歌は、

「太鼓のどうを　きりりとしめて　ささらをさらりと　すりとめた　すりとめた」である。

前庭では、

「まわれやくるま　みずぐるま　おそくまわりて　せきにとまるな　せきにとまるな」

後庭では、

「京で九貫の唐繪のびょうぶ　ひとえにさらりと　たてまわせ　たてまわせ」

で舞が始まると考えてよい。

4　中之条町平の獅子舞

明治時代の神社合併以前には、諏訪神社に獅子舞を奉納してきた。

所役は、先獅子、女獅子、後獅子、天狗、サルは二人、頭に花笠をつけた頭太鼓、笛である。

演目は前庭と後庭からなる。

前庭は、振り出し、オカザキに続いてギンギャクマワリである。歌は、

「めぐりおおたか　あとのともだち　ヤージンギャクヤー」

「参りきてこれの鳥居をながむれば　こがねかさぎにしろがねのわく　ヤージンギャクヤー」

「この森にたかがすむげで笛の音　たかはすまねどみかぐらのおと　ヤージンギャクヤー」

「ひがしみろ　ひくかひかぬかよこぐもが　今ひきはなす　なごりおしさよ　ヤージンギャクヤー」

「ここはるかのほそだのおぼ　つまりながらもよよにかよわれる　ヤージンギャクヤー」である。

続いて「キーカタ」、「きりうた」では、五首の歌が歌われる。

前庭の最後の歌は、

「くにからは　いそげもどれの　ふみがきた　いざやわれらも　花の都を　花の都を」である。

後庭では、「蹴出し」「四ツ返リ」「オカザキクズシ」に続いて「ギンギャクマワリ」になる。

「京でくかんのからえのびょうぶ　ひとえにさらりとひきやまわすよ　ヤージンギャクヤー」
「まいりきてこれのみたらしながむれば　ひげを揃えてこいとふながよ　ヤージンギャクヤー」
「こひとふなひげをそろえてあそぶならこれのみたらし名所なるものよ　ヤージンギャクヤー」
「わかさのおばばむらむらすずめ　はさきをそろえてきりをこまかに　ヤージンギャクヤー」
「おもしろや月は東に日は西に　月をもどして獅子が今出るよ　ヤージンギャクヤー」である。

これらの歌の時には、太鼓の縁を叩いて時計回りに片足跳びで廻る。太鼓の縁を叩いて逆回りする。続いて「オヒャッポ」、「雌獅子隠し」に十一首の歌が歌われる。

最後に「シャギリ」「舞い納めの笛」で終わる。

後庭の最後の歌は、

「雨がふるげで　くもがたつ　おいとま申して　花の都へ　花の都へ」である。

5　みなかみ町羽場《はば》の日吉神社獅子舞

演目は、最初はシャギリ（社吉利）で、歌はうたわれない。続いて、ショッキリ（社吉利）、チュウギリ、シマイギリが行われる。

ショッキリは、順逆、庭見、歌吉利、大入羽、小入羽、乱舞、岡崎からなる。ここでは順逆だけみる。

順逆では、三頭の獅子と三人のササラスリが丸くなり踊る。歌の時には、円に沿って後退しながら、途中方向転換して、後退しながら舞う。歌は次のとおりである。

「めぐりあふたや　あとの友達　ヤージュンギャクヨ」

「此宮は　飛騨の内匠が　建てたげで　くさび一つで　四方しめたよ　ヤージュンギャクヨ」

「国からは　急げ戻れの　文が来て　おいとま申して　花の都へ　ヤージュンギャクヨ」

チュウギリは、順逆、庭見、歌吉利、小入羽、片入羽、乱舞からなる。ここでは順逆の歌だけみる。歌は二首が共通していて、異なるのは次の一首である。

「中立の　腰にさいたる　小脇差　鍔も目貫も　黄金なるもの　ヤージュンギャクヨ」である。

シマイギリは、順逆、庭見、大入羽、片入羽、桃之切、乱舞、岡崎からなる。順逆の歌だけみる。異なるのは一つの歌である。

「此森は　鷹が住げに　鈴の音　鷹は住ねど　御神楽の音　ヤージュンギャクヨ」である。

6　富岡市内匠の獅子舞

諏訪神社の秋の祭りにも行っていたが、高瀬神社の春祭りにも奉納したりする。

演目は、鎮守参り、小庭一代記、大庭一代記がある。現在大庭一代記は見ることができない。

鎮守参りは、歌を中心にみる。丸くなり、

「まわり車　みず車　おそくまわりてせきにまような　おそくまわりてせきにまような」と歌われ、内側を向いて太鼓の縁を叩く。

その後、四首の歌が歌われ、最後の歌は、

「都から急ぎ戻れの文が来て　おいとま申してもどりこをざさら　おいとま申してもどりこをざさら」で、内側を向いて太鼓と太鼓の縁を叩きながら廻る。

小庭一代記は、ばちかつぎ、芋さく、花吸い、あっけい、いりちがい、と続き、どじょうふみでは、太鼓を叩きながら時計回りに廻り、反時計回りに廻る。廻る時にゆっくり一歩一歩踏みしめるように廻る。どじょうをふんづけるように、である。歌は、

「まわり車　みず車　おそくまわりてせきにまような　おそくまわりてせきにまような」である。

続いて、つながかり、ねり、からいのびょうぶ、である。

大庭一代記では、十三首の歌が次々に歌われる演目である。

これらの獅子舞の中で演目の一部に、中之条町平の獅子舞はジュンギャクマワリ、みなかみ町羽場の獅子舞では、順逆があり、それぞれ、時計回り、反時計回りに廻っている。それに対して、ジュンギャクという演目があるのが、上野村で取り上げた塩ノ沢の獅子舞である。

塩ノ沢のジュンギャクという演目では、一部に時計回り、反時計回りの舞があるが、歌の後に、「ヤージュンギャクヤー」とつくことはない。

平庭などといわれる演目がある獅子舞について、最初に栃木県に近い獅子舞の演目についてみる。

●みどり市小中の獅子舞

ひろ庭、笹がかり、幣づくし、牝じしかくし、である。

●伊勢崎市境町下渕名の獅子舞

火鋏流という。演目は、ねり込み、平ざさら、かしこまり、橋がかり、女獅子隠し、である。

●伊勢崎市境町東新井の獅子舞

文挟流という。演目は、ひらざさら、橋がかり、ぼんぜん、である。

●伊勢崎市国定町赤城神社の獅子舞

日挟流。演目は、礼ざさら、守友、宮子、日鋏み、庭舞い、注連がかり、笹がかり、鳥居、牝獅子隠し、である。

●太田市新井八幡宮獅子舞

平庭、梵前かかり、橋掛り、雌獅子隠し、である。

●尾島町阿久津の獅子舞

平庭、ぼんでん、雌獅子隠し、である。

●明和町斗合田のささら

天下一日光文挟流。演目は、うず女、鐘巻、平ささら、橋わたり、弓くぐり、梵天、笹がかり、である。

●大泉町仙谷のささら

平ざさら、橋がかり、牝獅子かくし、である。

流派名については、文鋏流と関わるものがみられるが、関白流はみられない。演目は多くはない。栃木県では「雌獅子隠し」は多くはないが、群馬県ではほとんど「雌獅子隠し」という名称がみられる。それに「弓くぐり」が多くはみられない。

下総派については位置づけができない。下総とか「しもおさ」という演目は調査できていない。安中市嶺の獅子舞では「平庭の歌」がある。富岡市星田の獅子舞の平庭も調査ができていない。南牧村大仁田と上野村には「ひら」という獅子舞がある。この演目は平庭などと同じ演目と考えてよい。上野村川和の獅子舞では「しもつま」は、埼玉県秩父地方でみられる「下妻」とは異なる。調査ができていないが、地理的に近い「しもおさ」との関連はあるだろうか。

群馬県における歌が多く歌われる獅子舞と、平庭など他県との関わりがある獅子舞をみてきた。なお、板倉町の獅子舞は埼玉県の獅子舞との関わりが強く、埼玉県内の獅子舞との関わりで言及する。

最後に、群馬県内で最も広く行われている稲荷流の獅子舞を具体的にみることにする。

最初に、稲荷流の代表的な甘楽町那須の獅子舞である。

那須の獅子舞は、稲含神社の秋の祭りに行われてきた。二百十日の時に獅子舞をするかどうかを決めた。この獅子舞の所役は、三頭の獅子、狐、太夫、奴、オカザキ、女方である。獅子頭は毎年金紙銀紙を貼り替える。それを「龍頭」という。祭りの他に、雨乞いと疫病送りに行った。

獅子舞の演目は十八ある。舞台がかり、幣がかり、笹掛かりは、子供が行う。碁盤がかりは、女方が使ううちわ太鼓を碁盤に見立てる。花水は、オカザキが被る花笠を中心に舞うが、花笠を被るのは誰でも良い。

それに、鞠がかり、綱がかり、雌獅子隠し、剣の舞い、剣がかり。雌獅子隠しは歌が多く歌われる。弓がかりは弓をくぐることはない。六人は獅子二組の六人で舞う。十六人獅子は獅子六頭、狐、オカザキ二人、子踊りの女方四人、子踊りの奴三人の十六人で行う。

この獅子舞から伝承した獅子舞は周辺地域に数多い。特に、富岡市や藤岡市の獅子舞などに多く、伝承に関わる巻物も残っている。

稲荷流という名称の獅子舞は高崎市などにも多くみられる。これらの獅子舞は阿久津の獅子舞からの伝承という例が多い。

稲荷流の獅子舞は、演目の数が栃木県の獅子舞と比べると、多くなっている。それに、女獅子隠しにおいては、歌の数が多いことも特徴といってよい。

第二章　関東の三頭立て獅子舞の比較　2

一　埼玉県の獅子舞・ささら

関東地方においては、埼玉県は栃木県と境を接しており、演目の中に平庭がみられる獅子舞が多くみられる。それに、地理的に遠い秩父地方でも平庭がみられる。秩父地方には下妻という演目が三ヶ所でみられるし、秩父地方に近い群馬県の上野村でもみられる。

それに、秩父地域の一部では、「神の前」といわれる演目があり、栃木県でも「平庭」とも「神の舞」ともいうので、取り上げることにする。

1　秩父市下山田矢行地《やぎょうじ》（注1）

獅子舞は九月二十七日、諏訪神社で行われる。小鹿野町両神薄の人から習った。

演目は、幣掛り、花掛り、太刀掛り、車軸、沢掛り、〇弓掛り、毬掛り、笹掛り、白刃掛り、平ざさら、責合場、戻りざさらである。

平ざさらを具体的にみる。

黒と緑は男獅子で、それに女獅子である。

時計回りに廻りながら獅子舞が行われる場に入り（写真69）、黒、女獅子、緑の順で並ぶ（写真70）。

二つの花笠が中央に並ぶ。三頭の獅子が時計回りに太鼓を叩きながら廻る。女獅子と緑が向き合ったり、女獅子と黒が向き合ったりして、太鼓を叩きながら廻る（写真71）。

横一列の元の位置に戻る。女獅子が出て、その場で回ったり、回り返す。女獅子は花笠の間を進み（写真72）、黒が出てその場で回り、回り返す。黒と女獅子は花笠の間で向かい合う。花笠を廻り、花笠を散らす。

獅子三頭で時計回りに回りながら廻る（写真73）。太鼓を叩きながら向かい合う。

歌になる。

「うぐいすが　梅の小枝に　昼寝して　江戸の盛りを夢に見た」

歌の間は太鼓の縁を叩く。前進後退する。

三頭は前進し時計回りに廻る。向かい合い太鼓を叩き、その場で回る。回り返す。それを繰り返す。

背中合わせになり太鼓を叩く（写真74）。時計回りに回りながら廻る。

横一列になり太鼓を叩き（写真75）、礼をして終わる。

69　下山田矢行地の獅子舞１　獅子舞が行われる場に入る

70　下山田矢行地の獅子舞２　横一列に並ぶ

71　下山田矢行地の獅子舞３　３頭の獅子は花笠の周囲を廻る

72　下山田矢行地の獅子舞４　女獅子は花笠の間を進む

73　下山田矢行地の獅子舞５　時計回りに廻る

74　下山田矢行地の獅子舞６　背中合わせで太鼓を叩く

75　下山田矢行地の獅子舞７　横一列で太鼓を叩く

2　秩父市大滝浜平の獅子舞

獅子舞は現在行われていない。調査を行った時には、旧暦二月二十二日の観音様の祭りで獅子舞が行われた。ずっと前には、お諏訪様の祭りで行ったという。

演目は、神の舞、庭固め、二本幣、膝折り、一本幣、笹掛かり、弓掛かり、幕掛かり、鞠掛かり、剣掛かり、竿掛かり、二つ花、の十二ある。

神の舞の構成は、出端《では》、獅子の踊り、歌、花掛かり、帰りである。

出端で、天狗と獅子三頭で舞う。三頭は横一列になる。続いて、天狗と三頭の獅子は三角に位置し、太鼓を叩く（写真76）。

獅子の踊りで、コウガケを下ろし舞う。続いて歌になる。歌は、

「この宮は　伊勢か熊野か　八幡か　黄金造りで

光り輝く」である。

花掛かりで、花笠を中央に出し、花笠を中心に舞う（写真77）。

3　小鹿野町《おがのまち》両神小森煤川《すすがわ》（注2）

四月十五日、四月十七日。宇賀神社で行われた。

演目は、平ざさら、戻りざさら、雌獅子隠し、〇弓掛り、太刀掛り、毬掛り、岡崎である。

4　小鹿野町長留《ながる》（注3）

羽黒神社の秋の大祭に行われる。

獅子舞は、中立ち、先獅子、中獅子、後獅子、それに花笠が二つある。

関戸の観音堂、高根神社、西浦薬師堂、皆谷八坂神社、仲居十一面観音堂、大山祇神社に獅子舞を奉納する。宮参りという。お堂で花掛り、神社では幣掛りを行う。その後、羽黒神社拝殿で幣掛りを奉納する。

午後には舞殿で座敷廻り、岡崎、骨っ返り、毬掛り、太刀掛り、竿掛かり、女獅子隠し、曽状、平《ひら》簓《ざさら》を行う。

76　浜平の獅子舞１　３頭の獅子は太鼓を叩く

77　浜平の獅子舞２　３頭の獅子は花笠を中心に舞う

平鞨は最後に行われる。具体的にみていく。

なお、平鞨は中立ちと三頭の獅子が二組出る。

花笠を先頭に、中立ちと三頭の獅子が二組、花笠、の順で（写真78）時計回りに太鼓を叩きながら一廻りし、横一列に並ぶ。

それから、中立ち二人は前に出て、それぞれの三頭の獅子と相向かいになる（写真79）。

獅子はバチを上に挙げ、左右に振るとともに、左右に移動する。

その後には、中立ちは後獅子の前に行き、足踏みをしながら太鼓を叩くようにする。その後、中立ちは中獅子、後獅子の順に前に行き、足踏みをしながら太鼓を叩くようにする。

次の歌に合わせて二組の中立ちと三頭の獅子は、時計回りに廻りながら太鼓の縁を叩く。

「回れ回れ　水車　遅く回りて　せきにまような　遅く回りて　せきにまような」

太鼓を叩きながら跳んで時計回りに廻り、反時計回りに廻る。内側を向いて足踏みしながら太鼓を叩く。

次の歌に合わせて二組の中立ちと三頭の獅子は、時計回りに廻りながら太鼓の縁を叩く。

「奥山の　松にからまる　つたの葉も　縁が切れれば　ほろりほどこる　縁が切れれば　ほろりほどこる」

太鼓を叩きながら跳んで時計回りに廻り、反時計回りに廻る（写真80）。内側を向いて足踏みしながら太鼓を叩く。

次の歌に合わせて二組の中立ちと三頭の獅子は、時計回りに廻りながら太鼓の縁を叩く。

「五千本の　槍をかつがせ　出たなあらば　安房も上総も　これも御知行　安房も上総も　これも御知行」

太鼓を叩きながら跳んで時計回りに廻り、反時計回りに廻る。内側を向いて足踏みしながら太鼓を叩く。

次の歌に合わせて二組の中立ちと三頭の獅子は、時計回りに廻りながら太鼓の縁を叩く。

「山がらも　山がういとて　里に出て　是の御庭で　羽子を休めろ　是の御庭で　羽子を休めろ」

太鼓を叩きながら跳んで時計回りに廻り、反時計回りに廻る。内側を向いて足踏みしながら太鼓を叩く（写真81）。

次の歌に合わせて二組の中立ちと三頭の獅子は、時計回りに廻りながら太鼓の縁を叩く。

「十七の　胸に下がりし　二つのもの　一つ下され　恋の薬に　一つ下され　恋の薬に」

太鼓を叩きながら跳んで時計回りに廻り、反時計回りに廻る。内側を向いて足踏みしながら太鼓を叩く。

次の歌に合わせて二組の中立ちと三頭の獅子は、時計回りに廻りながら太鼓の縁を叩く。

「十七の　お立ち姿に　目がくれて　今日のささらの　切りを忘れた　今日のささらの　切りを忘れた」

太鼓を叩きながら跳んで時計回りに廻り、反時計回りに廻る。内側を向いて足踏みしながら太鼓を

78　長留の獅子舞１　獅子舞を行う場に入る

79　長留の獅子舞２　中立ち２人は前で獅子に向かう

80　長留の獅子舞３　太鼓を叩き反時計回りに廻る

81　長留の獅子舞４　内側を向いて足踏みをしながら太鼓を叩く

82　長留の獅子舞５　中立ちが前で、相向かいに獅子は横一列になる

83　長留の獅子舞６　獅子はバチを上に挙げ、左右に振るとともに、左右に移動する

叩く。

「いつまでも　遊びたけれど　日が暮れて　おいとま申して　戻りほのささら　おいとま申して　戻りほのささら」

歌が終わると、中立ちが前で、獅子は横一列になる（写真82）。

獅子はバチを上に挙げ、左右に振るとともに、左右に移動する（写真83）。

これで終わる。

この平庭は、獅子舞の最後に行われ、秩父地方で下妻という演目が行われる三ヶ所の最後の演目とも比較できるようなものであることが重要な点である。

5　皆野町日野沢門平の獅子舞（注4）

門平と同系統の獅子舞は、重木と奈良尾の獅子舞がある。奈良尾の獅子舞については次に取り上げる。

門平の獅子舞は倉林正次氏が詳細な報告をしているので、参照しながら記述していく。

門平の獅子舞は、神前に奉納する「神篇」と十二曲の「庭篇」からなる。

「神篇」は、栃木県でも同様な名称を使われることがあることはみてきた。「神篇」を中心にみていく。

「神簓」が奉納されるのは、諏訪神社、天満神社、七所権現、八坂神社、皇大神宮などである。これらの神社では奉納する内容が少し異なる。なお、皇大神宮と同じであるのは、三島神社、熊野神社、稲荷神社、白山権現社、秋葉神社、古峯神社、大山大神社である。

「神簓」の最後に「花遊び」という舞を行う。これを「御所望ざさら」といい、神様がもう一庭見たいということで行うという。

諏訪神社で行われる獅子舞をみる。

諏訪神社（写真84・85）

歌前

「ヒャルヒャヒコロロ」

師匠の歌

「参り来て　是のお庭を　眺むれば　村も栄えし　諏訪のお祭り」

獅子の歌

「ささらの神は　文殊でござる　文殊の上にて　獅子拍子よな」

三角で寄り集まり、「ヒョヒョ」で三歩跳び退り、元にかえる（写真86）。

順廻りの居場がえ。

三角から居場に戻り一列。獅子歌をあげる。

84　門平の獅子舞１　獅子舞を行う場に入る

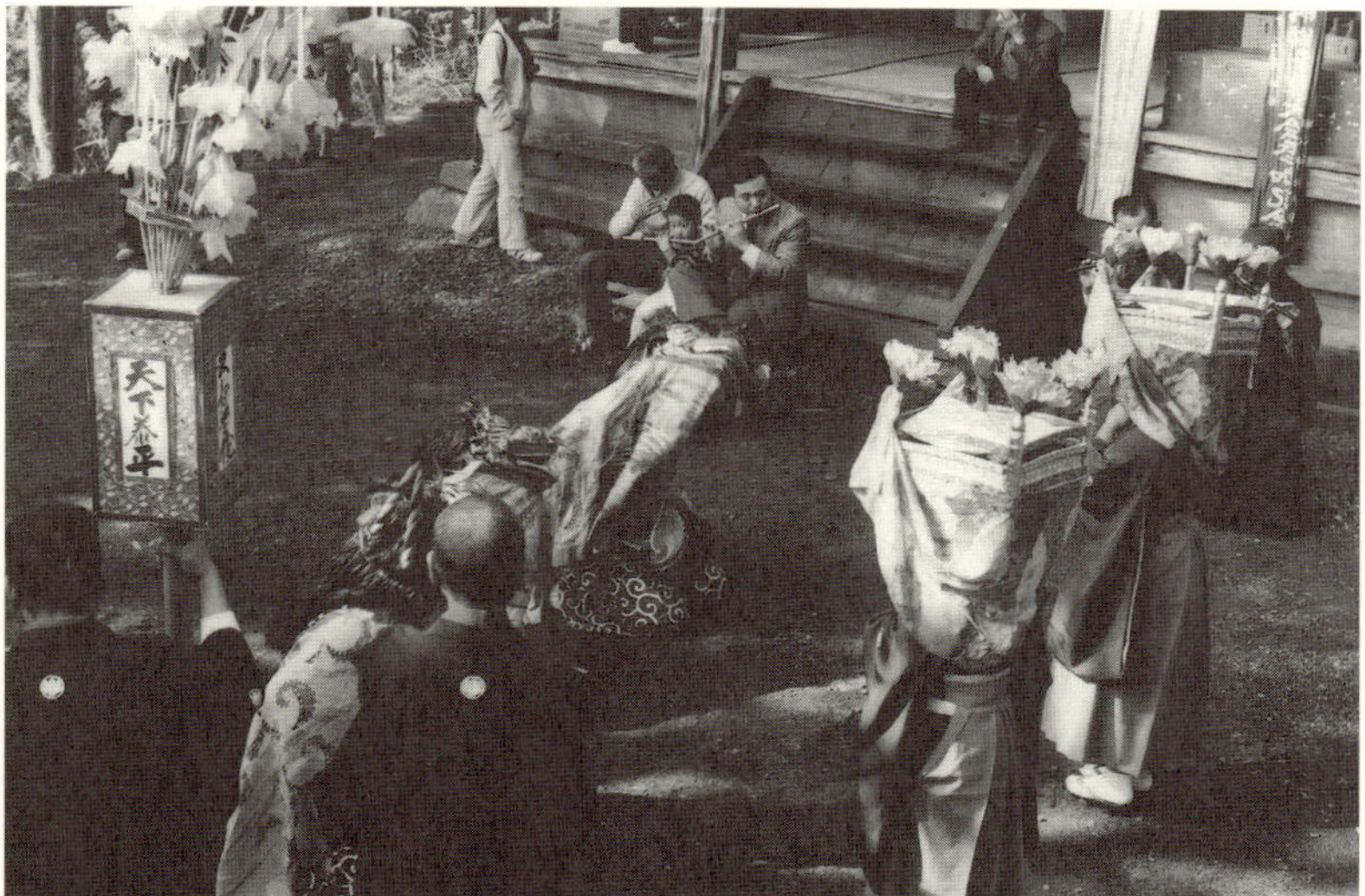

85　門平の獅子舞２　３頭の獅子は横一列になり座る

86　門平の獅子舞３　３頭の獅子は三角になり舞う

臑《すね》

臑つきで首振り。これを順廻りの居場替えをして行う。

立って順廻りの居場替えをして、腰を落としてはまた元にまわり返す。

三回繰り返す。

入り違いの引端。

他の神社については、師匠の歌と獅子の歌だけを挙げる。

天満神社

師匠の歌

「参り来て　これのお庭を　眺むれば　思いがけなき　梅の花」

獅子の歌

「天神林　梅の花　つぼみ開いて　葉をひろめよな」

七所権現

師匠の歌

「山雀が　山がういとて　里へでて　是の御庭で　羽をのばす」

獅子の歌

「向かい小山の　百合の花　つぼみ開いて　曲あげたよな」

八坂神社

師匠の歌（歌不明）

獅子の歌

「十七八の　木綿袴　膝折り返して　切り下げたよな」

皇大神宮

師匠の歌

「吾々は　京で生まれて　伊勢育ち　腰にさしたる　伊勢のおはらい」

次に花遊びについてみる。

花遊び

入れは

歌前

師匠の歌

「沢越えて　坂をのぼりて　石山の　神の社ぞ　九十九社」

仕事

女獅子が小足で出て左廻りで戻る。

山道なりに行って戻る。

左花裏に行き、右花裏に行く。

左花裏に行き、右花裏に行き、裏側にいる。

女獅子は花の間に飛び込み、左足を後ろに引き、踏み出し、引いて廻り戻る。この時、前獅子も左足外に跳び、同様に舞う。

三頭一緒に跳び出して戻る。後獅子は右花の外側に跳ぶ。

三頭一緒に跳び、花と横一列になり、戻る。

入り違いの引端で終わる。

庭篰の演目は、神楽、剣掛り、笹掛り、松掛り、お練り、花廻り、花狂い、友狂い、幣掛り、二本立、鞠掛かり、花遊びである。

6　皆野町奈良尾の獅子舞（注5）

七所権現で十月十四日に獅子舞が行われる。

演目は神の前と庭ざさらである。

神の前は、歌前、歌、天神林、ブンマワシ、クビップリ、からなる。神の前は子供が行っていたという。

所役は、先獅子、後獅子、女獅子、花笠は二つ、道化、笛などである。神の前についてみていく。

区長が塩を振り、花笠が位置につき、獅子は丸くなる。内側を向いて太鼓を叩き（写真87）、時計回りに廻る。横一列になり敷物の上に座る（写真88）。

立って、左右に向き（写真89）、前を向き太鼓を叩く。座り、頭を左右に振り太鼓を叩き、最後に頭を回す。立って、太鼓を叩き左右に動く。同じことを繰り返す。

歌い手が花笠の間で歌をうたう。

「お諏訪様　一にきざはし二に社殿　黄金ぶきとて　照りや輝く」

太鼓の縁を叩き、大きく広がり（写真90）、中心に向かう。内側を向いて足を前に出し太鼓を叩いて時計回りに廻る。

三頭の獅子は三角になり、太鼓を叩いて時計回り、反時計回りに動く。座って太鼓を叩く。立って内側を向いて、それぞれその場で回る。二頭の男獅子は背中合わせになり、前進後退をする（写真

87　奈良尾の獅子舞１　獅子３頭は内側を向いて太鼓を叩く

91）。三頭揃って太鼓の縁を叩き、前進後退する。

内側を向いて太鼓を叩き、時計回りに足踏みしながら三角に動く。その場で足踏みをしながら太鼓を叩く。内側を向いて太鼓を叩き、足を前に出し反時計回りに回る。太鼓を叩き、時計回り反時計回りに三角に動く（写真92）。

女獅子は太鼓の縁を叩き、男獅子は背中合わせになり前進後退する。三頭揃って太鼓の縁を叩き、前進後退する。内側を向いて足踏みをしながら太鼓を叩く。時計回りに太鼓を叩いて三角に動く。

足踏みをしながら太鼓を叩き、足を前に出し、その場で回る。水引を持ち左右に振り、内側を向いて足踏みをしながら太鼓を叩く。位置を入れ替わり（写真93）、水引を上げ退場。

88　奈良尾の獅子舞２　横一列になり敷物の上に座る

89　奈良尾の獅子舞３　立って左右を向き太鼓を叩く

90　奈良尾の獅子舞４　太鼓を叩いて大きく広がる

91　奈良尾の獅子舞５　２頭の男獅子は背中合わせになり前進後退する

92　奈良尾の獅子舞６　３頭の獅子は時計回り反時計回りに三角に動く

93　奈良尾の獅子舞７　２頭の男獅子は位置を替わる

7　東松山市野田（注6）

獅子舞は七月十五日、十月十四日に行われる。

前庭と後庭で構成され、前庭はブッソロエ、女獅子の入り、男獅子の入り、大頭の入り、勢揃い、歌おどり、本おどりの入り気勢、本踊り（すり神楽）、草取り、廻り岡崎、ほら貝三声、水引上げ、終曲である。

後庭はブッソロエ、下妻、勢揃い、歌おどり、勢揃い、女獅子隠し、すり神楽、草取り、廻り岡崎、ほら貝三声、水引上げ、終曲の順である。

秩父地域では下妻という演目があるが、東松山市でも同じ名称のものがあるので取り上げた。内容については確認できていない。

8　上里町三町《みまち》（注7）

獅子舞は四月三日、十月十九日に行われる。

演目は、梵天掛り、毬掛り、〇弓掛り、橋掛り、笹掛り、綱掛り、太刀掛り、岡崎、平庭、女獅子隠し、仕舞切りである。

平庭は、ニワ（舞場）とする社寺などに対する儀礼的な舞で、基本的な舞である。

平庭の歌は、

「この寺に　あるべきものは　袈裟衣　お経箱に　唐金の数珠」である。

9　本庄市児玉東小平(注8)

獅子舞は春・秋の祭りに行われる。

演目は、庭ざさら、幣掛り、〇弓掛かり、一つまり、三つまり、竿がかり、花まわり、女獅子隠し、花幣がかりである。

最初に行われるのは、庭ざさらといい、平ざさらではないが、参考のために取り上げる。

「街道下り」で神社に入ると、「礼」という舞になる。

神社に向かって三頭横に並んで(写真94)、揃って前後に二回動く。神社の前では、片膝をついて礼をする(写真95)。

終わると、水引を上げる。

一番、二番、三番の順で出て、三頭丸くなり、舞ったり、横一列で前後に動く。

次いで、「フンゴミ」となる。三頭一緒に踏み込む所作をする(写真96)。

「大ぐり」という笛の曲になる。舞は三番と一番・二番に分かれお互いに交差する。

歌の笛になり、歌は、

94　東小平獅子舞１　３頭揃って前後に動く

95　東小平獅子舞２　片膝をついて礼をする

96　東小平獅子舞３　３頭一緒に踏み込む

「此の宮は　伊勢か熊野か　お三島か　社々が九十九社」

「此の酒は　すみかにごりか　喜久酒か　旅のつかれで　飲みやおぼえぬ」

「参り来て　これのお宮を　ながむれば　社殿扉は　黄金なるもの」

「此のお茶は　宇治かむりょうか　古河の茶か旅のつかれで　飲みやおぼえぬ」

「此の村は　たては八里で　横三里　入りは良く見ろ　出場にまような」

「此の寺は　九間八棟　ひはだぶき　あいの障子も　黄金なるもの」

「参り来て　これのお庭を　ながむれば　黄金黄草が　足にからまる」

「はるばると　峰にのぼりて　里見れば　都まさりの　里の峰かな」

である。

歌の後の「大ぐりの踊り」がある。

次いで、三頭一緒に横に跳ぶ「横とび」がある。

その後に、次の踊りと、礼の踊りがある。

10　本庄市牧西《もくさい》（注9）

獅子舞は、旧六月十五日、天王様、旧八月十五日、八幡様、旧九月九日、伊勢の大神宮祭で行われた。

獅子舞の最初には木太刀、六尺棒の棒使いが行われる。獅子舞は、平庭、〇弓、笹がかり、ぼんぜん、女獅子隠しが行われた。

平庭でうたわれる歌は、

「ちはやぶる　神のおまいで舞をする　氏子そろいば　神もよろこぶ」

「参りきて　これのお庭をなかみれば　こがねこくさが　足にからまる」

などである。

11　深谷市上野台《うわのだい》（注10）

獅子舞は、十月十四日から十六日、八幡神社で行われる。

演目は、御幣掛り、〇弓掛り、花掛り、綱掛り、へらざさら、ほねっかいり、ばちかつぎである。

12　深谷市柏合《かしあい》（注11）

獅子舞は十月十八・十九日、八王子神社で行われる。

演目は、御幣掛り、〇弓掛り、へらざさら、いかえり、はねかえり、ばちかつぎ、女獅子隠し、雨乞いである。

13　深谷市上増田（注12）

獅子舞は、十月十五日、諏訪山神社で行われる。

演目は、平庭、橋掛り、女獅子隠し、ぼんぜん掛りである。

歌は、

「西は山　東は海　中は家　南大門　はやろ諏訪様」である。

14 深谷市堀米

獅子舞は十月十八日、富士神社で行われる。

演目は、いれは、おんべ掛かり、ひら、女獅子隠し、橋掛かりである。

15 深谷市本郷（注13）

獅子舞は、七月二十四日、二十五日、十月十五日、藤田神社で行われる。

演目は、庭詣、花掛り、綱掛り、橋掛り、舞込みである。平庭とか平ささらとは言わないが、最初に行われる「庭詣」を参考のために取り上げる。

歌は、

「これの社に　参り来て　これの社中を　ながむれば　金の御幣が　立つぞよく見ろ」

「これの宮地に　詣り来て　これの社中を　ながむれば　社中は鏡なり　氏子繁盛」

である。

庭詣をみる。

三頭の獅子とササラスリは時計回りに廻る。万灯が中央に進み、三頭の獅子とササラスリは万灯の周りを廻る。三頭の獅子は太鼓を叩き、ササラスリはささらをする（写真97・98）。

97　本郷の獅子舞１　３頭の獅子は太鼓を叩く

98　本郷の獅子舞２　ササラスリはササラをする

太鼓を叩き、片足をのばし、はいつくばうようにする。太鼓を叩いて時計回りに廻る。片足を伸ばし、はいつくばうようにして上を見る。

歌になる。

「これの宮地に　参り来て　これの社中を　ながむれば　社中は鏡なり　氏子繁盛」

万灯は脇に移り、三頭の獅子とササラスリは横一列になり礼をして、行列になり退場する。

16　深谷市血洗島《ちあらいじま》（注14）

獅子舞は、十月十七日に諏訪神社で行われる。現在は土・日曜日である。

演目は、平ささら、花ささら、中ささら、ぼんぜんかかり、橋掛り、綱掛り、花かかりである。

平ささらは、チャリトウ、廻り奴、チャラリイ、カックイ、ライコウジという順で行われる。

その中で、見ることができたのは、チャリトウ、廻り奴、カックイである。その部分をみておく。

チャリトウは、横一列から太鼓を叩いて前に出て、丸くなる。太鼓を叩いて時計回りに廻る。三頭の獅子は膝をついて、太鼓と太鼓の縁を叩く。

立って、頭を振って時計回りに廻り、内側を向いて足を前に出し太鼓を叩く。頭を振り時計回りに廻り（写真99）、内側を向いて太鼓を叩き、膝をついて太鼓と太鼓の縁を叩く（写真１００）。

立って、頭を振り、時計回りに廻り、内側を向いて太鼓を叩く。頭を振り時計回りに廻る。

99　血洗島の獅子舞１　頭を振り時計回りに廻る

100　血洗島の獅子舞２　膝をついて太鼓の縁を叩く

101　血洗島の獅子舞３　横一列で頭を左右に振る

廻り奴を次にみる。

横一列で頭を左右に振り（写真１０１）、それぞれ反時計回りに回る。横一列で頭を左右に振る。太鼓を叩いて前進して、半回転して太鼓を叩いて戻る。同じことを繰り返す。

次いで、カックイである。

頭を振りながら時計回りに廻る。内側に向いて太鼓を叩く。頭を振りながら時計回りに廻る。内側を向いて太鼓を叩き前に進む。頭を振りながら時計回りに廻る。内側を向いて太鼓を叩きながら前進する。

平成二十年の祭りの時には、例えば、チャリトウ、廻り奴、上げで構成されるものがある。上げは、各演目の最後に行われる。そして、上げにおいて歌が三つうたわれた。

三つの歌は、長歌、切り拍子の唄、上げ歌一つずつである。

この例で取り上げた時には、長歌は、

「参り来て　一の鳥居に　額かけて　金と銀とで　御庭輝く」

であり、切り拍子の唄は、

「黒雲を　ただおいかけて　道の木かげで　たつがまきそうろ」

であり、上げ歌は、

「国からは　急げもどれと　上使がきた　おいとま申して　いざ帰らいな」

である。

歌の時には、丸くなり、太鼓のバチを太鼓の上で叩いたりする。

17　深谷市南阿賀野

十月十九日、葦原神社で行われる。

平ささら、梵天掛かり、橋渡り、女獅子隠しである。平ささらは、チャリトウ、マワリヤッコ、チヤラリイ、カックイ、ライコウジからなり、血洗島の獅子舞と共通している。

18　深谷市町田（注15）

獅子舞は十月十五日、八幡神社で行われる。

演目は、神の庭、梵天掛り、橋掛り、獅子隠し、綱掛りである。

19　熊谷市上押切（注16）

獅子舞は十月十五日（以前は旧暦の八月十五日）、八幡神社で行われる。

演目は、平庭、花掛り、幣掛り、橋掛り、綱掛り、雌獅子隠しである。

平庭についてみる。

舞う場に、棒、ヒョットコ、オカメ、獅子の順で入る。

六尺棒、大刀での棒術を四人で行い、棒の四人は太刀を腰に差し四隅に位置する。この四人は獅子舞が行われる場を警護すると考えてよい。

ヒョットコ、オカメ、獅子の順で太鼓を叩きながら時計回りに廻る（写真１０２）。それから、ヒョットコとオカメが横に並び、相向かいに三頭の獅子が並ぶ。

獅子は太鼓を叩きながら片足を交互に前に出す。獅子は横を向いて太鼓を叩き、半回転して太鼓を叩く（写真１０３）。それを繰り返す。

獅子は前を向いてバチを地面につくぐらいに下げる（写真104）。足踏みしながら太鼓を叩く。バチを地面につくくらいに下げる。歌は、

「月も日も　西へ西へと　急がれる　さぞや東が　さみしかるらん」

後ろを向いて、前を向いて太鼓を叩く（写真105）。バチを地面につくくらいに下げる。

中におかめが入り、ヒョットコと獅子三頭が丸くなり、内側を向いて太鼓を叩きながら時計回りに廻る（写真106）。

バチを地面につくぐらいにし、左右に振る（写真107）。後ろを向き前を向き、太鼓の縁を叩く。

歌は、

「十七八は　眠いものよ　井戸端の　米とぎ桶を　それを枕に　それを枕に　米とぎ桶を」

歌の時は前と同じ所作である。

内側を向いて太鼓を叩きバチを叩く（写真108）。外側内側を向いて太鼓を叩く（写真109）。

内側を向いて太鼓を叩きながら廻る。歌は、

「姉さんお手に　梨が二つ　一つおくれよ　恋の薬に　一つおくれよ　恋の薬に」

内側を向いてバチを叩いて廻る。太鼓を叩いて廻る。歌は、

「若い衆たちは　けいこが済めば　夜が更ける　おいとま申して　いざ帰らぬか　おいとま申して　いざ帰らぬか」

である。

太鼓を叩いて廻る。

ヒョットコとおかめが横に並び、相向かいに獅子三頭が並ぶ。バチを地面につくぐらいに下げる（写真110）。

丸くなり太鼓を叩き、棒を先頭に退場する（写真111）。

20　行田市白川戸（注17）

獅子舞は、旧七月二十六日（現在八月二十六日）、五所神社で行われた。

演目は、関門戸、笹、花掛川、○弓くぐり、注連くぐり、橋渡し、神上げ、平庭である。

21　行田市下須戸（注18）

獅子舞は、八月十四日・十五日に行われた。

演目は、平庭、通り、腰休み、笹冠り、栄え、花遊び、橋渡り、清浄流し、鉢巻である。

102　上押切の獅子舞１　太鼓を叩きながら時計回りに廻る

103　上押切の獅子舞２　半回転して太鼓を叩く

104　上押切の獅子舞３　バチを地面につくぐらいにする

105　押切の獅子舞４　前を向いて太鼓を叩く

106　上押切の獅子舞５　太鼓を叩きながら時計回りに廻る

107　上押切の獅子舞６　バチを左右に振る

108　上押切の獅子舞７　バチを叩く

109　上押切の獅子舞８　外側を向いて太鼓を叩く

110　上押切の獅子舞９　バチを地面につくぐらいにする

111　上押切の獅子舞10　棒を先頭に退場する

22　羽生市中手子林《なかてこばやし》（注19）

獅子舞は、旧八月十五日・十六日、八幡神社で行われる。土用三日目、疫病除けなどにも行われた。村回りも行われた。

演目は、鐘巻、平庭、花掛り、橋掛り、辻掛り、笹掛り、七五三掛り、女獅子隠し、〇弓掛り、追太刀の舞、仁儀の舞である。

23　羽生市下手子林（注20）

作本祐作流。

獅子舞は九月十四日・十五日、豊武神社などで行われる。

演目は、平庭、花笠、武運伝、橋掛り、辻掛り、鐘巻、綱掛り、弓掛り、である。

平庭は、スリコミ、巻込み、ロンロリ、乱舞、岡崎からなる。平庭は、基本の舞であり、最初に習う。平庭についてみる。

社殿の前で、三頭の獅子は横一列で太鼓を叩く。

最初に、太刀と薙刀《なぎなた》の棒術、次に薙刀と薙刀の棒術（写真１１２）が行われ、次いで、三頭の獅子が出る。

前に二頭の男獅子、後ろに女獅子の形である。女獅子が太鼓を叩き、二頭の獅子は中腰で背中合わせになる。バチを足先の地面につけ（写真113）、かくような所作である。振り返って、バチで地面をかく所作をする。

立って、二頭の男獅子は向かい合い、太鼓を叩く。背中合わせになり太鼓を叩く（写真114）。向かい合い、背中合わせになるのを繰り返す。三頭の獅子は前を向いて太鼓を叩く（写真115）。二頭の男獅子は背中合わせになり、向かい合う。二頭の男獅子は向かい合って左右に動く（写真116）。二頭の男獅子は背中合わせになり、また向かい合って左右に動く。二頭の男獅子は背中合わせになり太鼓を叩く。

三頭の獅子は前を向いて前進し、二頭の男獅子は向かい合い位置を変える。さらに、二頭の男獅子は位置を変え元に戻る。三頭の獅子は太鼓を叩いて前進し、それぞれの場で回り、前進し、頭を左右に振り太鼓を叩く。

以上が平庭である。

昭和三十一年十月の当所の「笹良舞動作記録」で各演目についてみる。

平庭の部は、「一、摺込、一、巻込、一、ロンロリ、乱舞、岡崎」である。

花笠の部は、摺込から乱舞までは平庭に同じで、花笠が出て、花笠の演目が行われ、最後に岡崎である。武運伝の部、鐘巻の部も花笠と同じ構成であり、平庭が基本の舞であることが分かる。橋掛りも、摺込から乱舞まで同じである（写真117）。

112　下手子林の獅子舞１　棒術

113　下手子林の獅子舞２　バチを足先の地面につける

114　下手子林の獅子舞３　背中合わせで太鼓を叩く

115　下手子林の獅子舞４　前を向いて太鼓を叩く

116　下手子林の獅子舞５　２頭の男獅子は向かい合って左右に動く

117　下手子林の獅子舞６　橋掛り

24　加須市北川辺飯積（注21）

平井祐作流。
獅子舞は四月三日、七月二十四日に行われた。
役⿱竹彭に対し平⿱竹彭といい、神前に最初に奉納する演目がある。以下のものから、適宜五曲選ぶ。入れは、チャオロレ、チャラロロ、大がかり、花見、片巻き、岡崎、小ざさら、しころ、はいの巻、れいち、である。

筆者の昭和五十六年の調査の時には、平⿱竹彭という名称について聞くことができなかったが、役ものは「橋がかり、〇弓がかり、綱がかり」があり、中庭は「岡崎、花見、片巻、小ざさら」であり、そのほかに「いれは、道中、道中シャギリ、礼智、山がら、とらの子、雷、とんび、しらさぎ、シロコ、はいの巻」がある。

獅子舞は、「いれは」で始まり「礼智」で終わるという。そして、神社では「いれは、みっつの曲、礼智」からなる。村回りで各家で獅子舞をした時には「いれは、岡崎、礼智」である。ここの獅子は加須市の大越三耕地に伝授した。それに、関宿に教えに行ったり、板倉町の、通りや島にも伝えたという。

この獅子舞が、群馬県や茨城県などの周辺の獅子舞との関わりがあるという伝承があるので、巻物の内容についてみておく。

獅子舞巻物には、

「一、渡拍子」「一、門掛り」「一、庭入り」「一、礼智」「一、四方固」「一、井の巻」「一、ろの巻」「一、はの巻」「花のまひ」「一、とざさの舞」「一、千鳥の舞」「一、棒の巻」「一、志古路」「一、散の舞」「一、掛の舞」「一、小ささの舞」「一、大よれ」「一、小さくら」「一、浄土さがし」「一、柳生」「一、たたらの遣」「一、たたらの舞」「一、平足のまひ」「一、御前の舞」、とある。

続いて、「狂」として、

「一、小足の狂」「一、大狂」である。

「切」についいては、

「一、歌切」「一、鹿嶋」「一、鹿の子」「一、姫子」「一、左右」「一、小松」「一、雲雀」「一、小船」「一、宇津屋」「一、出場」「一、とび」「一、天の切」「一、山がら」「一、うさぎ」「一、う津ら」「一、鶯」「一、さる」「一、虎」である。

掛りは、

「一、幡掛」「一、注連掛」「一、網掛」「一、笹懸」「一、笠ぼこ懸」「一、弓懸」「一、女獅子隠」「一、橋がかり」「一、幣帛舞」である。

次に加須市大越三耕地の獅子舞をみる。

25　加須市大越三耕地の獅子舞（注22）

七月十四日のイバン（宵晩）には、一番庭から多い時には五番庭、六番庭を行う。一番庭は、「道中、門掛り、関門、入端、四方固め、神楽、小笹、岡崎、しころ」である。二番庭以降は「四方固め」を行わない。

翌日の十五日午前五時頃「御前ささら」を行う。「道中、門掛り、関門、入端、神楽、小笹、礼智、礼智御前舞」という構成である。

この日、夕方には舞納めを行う。次のとおりである。「道中、門掛り、関門、入端、神楽、すがき、花見の舞、幣の巻」という構成である。

七月七日には村回りが行われた。各家で舞われた演目は、入端、神楽、岡崎、しころ、小車、大車、よれ、花見、であった。

村回りの後、神社で「幣の巻」を舞って終わる。

26　加須市道目《どうめ》下耕地《しもこうち》のささら（注23）

獅子舞は、四月十五日・十六日に行われる。

平出祐作流である。

演目は、イレハ、平庭、花見、笹、鐘巻、橋がかり、綱がかり、○弓くぐりがある。

平庭は、ささらの基本の型が入っているという。

27　加須市北下新井のささら（注24）

獅子舞は若宮八幡社で四月十五日に行われる。

「祐作流」といい、北川辺町麦倉細間から習い覚えた。

演目は、赤間、平庭、花がかり、橋がかり、綱がかり、○弓がかり、女獅子隠しである。

平庭についてみる。

鳥居から入り、獅子三頭は横一列になる。太鼓を叩き、座ってバチを地面につける（写真118）。立って足踏みをしながら太鼓を叩く。それぞれ反時計回りに回る。右、左を向いて太鼓と太鼓の縁を叩く（写真119）。前を向いて太鼓を叩く。太鼓を叩きながら一歩一歩前に出て戻る（写真120）。同じことを三回繰り返す。座ってバチを地面につく。

女獅子は立って前に進み、男獅子二頭と向かい合う。女獅子は太鼓の縁を叩く。女獅子は戻り、男獅子二頭が前に出て女獅子と向かい合う（写真121）。男獅子二頭は太鼓の縁を叩く。男獅子二頭が戻り、三頭の獅子は横一列になり、太鼓の縁を叩く。

三頭の獅子は太鼓を叩きながら左右の足を交互に前に出す。一歩一歩前に出て、左を向いて両足跳

118　北下新井のささら１　座ってバチを地面につける

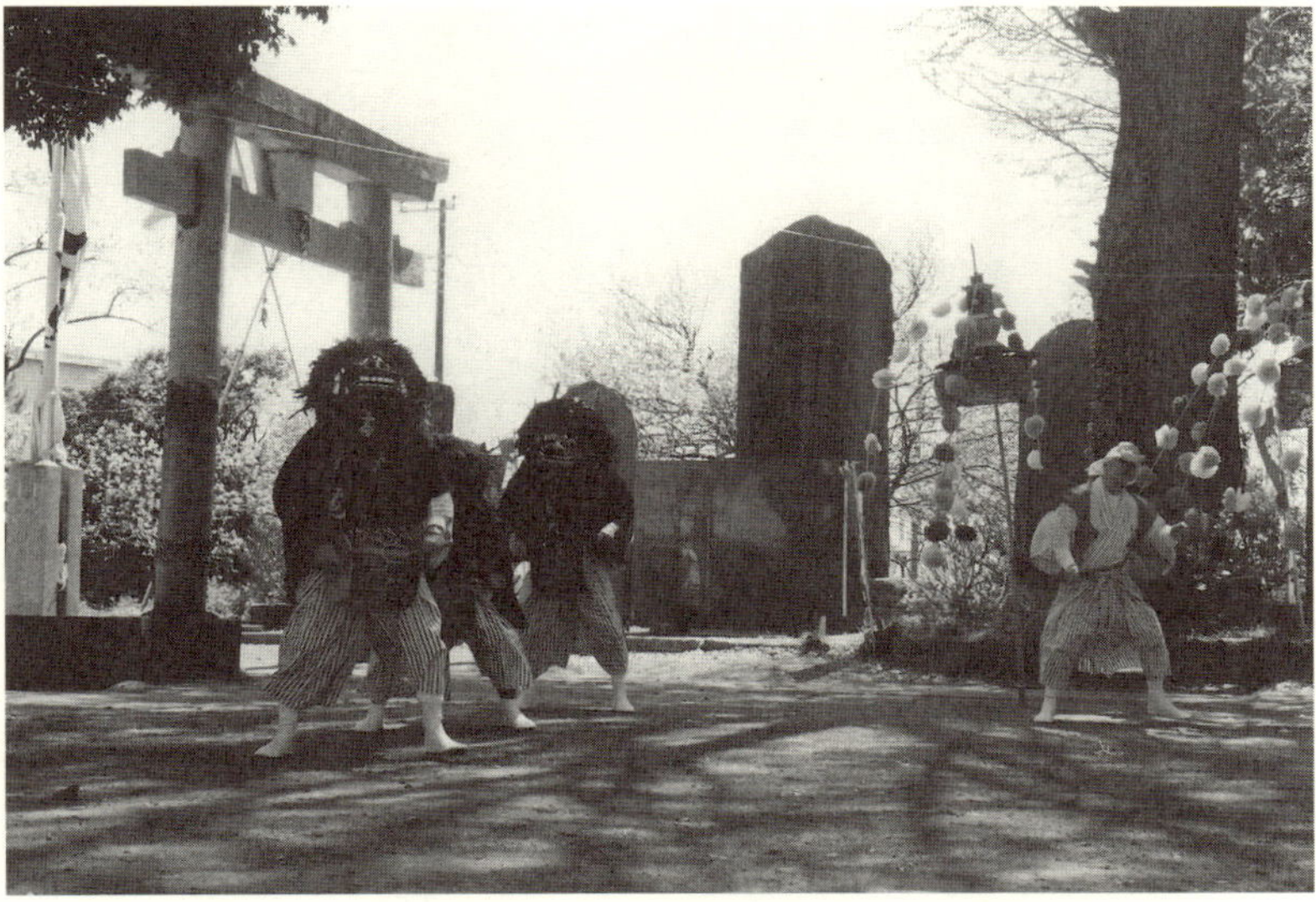

119　北下新井のささら２　右左を向いて、太鼓、太鼓の縁を叩く

120　北下新井のささら３　太鼓を叩きながら、一歩一歩前に出る

121　北下新井のささら４　男獅子２頭が女獅子と向かい合う

122　北下新井のささら５　太鼓を叩いて時計回りに廻る

びで戻る。同じことを三回繰り返す。

三頭の獅子は太鼓を叩いて時計回りに廻る（写真１２２）。横一列になり、その場で反時計回りに回る。三頭の獅子は左を向いて右を向いて太鼓の縁を叩き、太鼓を叩く。前を向いて太鼓を叩き、座ってバチを地面につける。

28　宮代町東《ひがし》条原《くめはら》の獅子舞（注25）

獅子舞は七月十六日に行われる。

演目は、門がかり、梵天、綱、花、〇弓、梯子、平庭、隠しである。

平庭についてみる。

座って頭を左右に振る。

チンリレローロー

立ってコウガケを下ろし、足踏み交互で太鼓を叩く。

一歩ずつ前進し、片足跳びで後退する。同じことを繰り返す。

足踏み交互で太鼓を叩く。

片足跳びで頭を左右に振り、コウガケを持ってあおる。片足跳びで後退する。

足踏み交互で太鼓を叩く。

左右を見ながら一歩ずつ進む。片足跳びで後退する。同じことを繰り返す。

足踏み交互で太鼓を叩く。

片足跳びで進み、コウガケを持ってあおる。片足跳びで後退する。

足踏み交互で太鼓を叩く。

左右を見ながら一歩ずつ進み、コウガケを持ってあおる。片足跳びで後退する。同じことを繰り返す。

座って頭を左右に振る。

立って、片足跳びで、コウガケを持ってあおる。

歌になる。

「こうれのお座敷　ながむれば　金のびょうぶが　光り輝く」

歌の時には、片足跳びで太鼓を叩き、コウガケを持ってあおる。

トーロレトーロレ
足踏みをしながら太鼓を叩き、コウガケをあおる。片足跳びで前進し、片足跳びで後退する。同じことを二回繰り返す。

　歌になる。

「これのお堂を　ながむれば　破風に入母屋　虎が七匹」

　歌の間には、太鼓を叩き、コウガケである。

車切り

　太鼓を叩き足踏みをし、頭を左右に振る。

（倉林正次氏の記述では「花笠が出てこの周囲にかかる。五歩あるき右足を踏み込みブッカケ、元に返り同様」とあり、花笠が出ている）

　丸くなり、時計回りに廻り、歌になる。

「まわるは車　まわるは車　くるくる回るは　水車よな」

　三頭の獅子は内側を向いて、片足跳びで前進する。反時計回りに廻り、時計回りに廻り、反時計回りに廻り、時計回りに廻る。この時には太鼓を叩いてコウガケである。同じことを繰り返す。

　太鼓を叩いて片足跳びで前進、内側を向いて太鼓を叩いて片足跳びで前進する。

　歌になり、

「おいとま申して　いざかいりなんせ」

　座って左右に頭を振る。立って片足跳びで太鼓を叩く。

　左右を見ながら一歩ずつ前進しコウガケである。片足跳びで後退する。同じことを繰り返す。

29　久喜市鷲宮大輪《おおわ》（注26）

獅子舞は七月二十五日、十月十九日、西大輪神社で行われる。

演目は、門掛り、すりこみ、もんぜん、花、〇弓（以上宮ずり）、橋掛り、女獅子隠し（以上庭ずり）。各舞には平庭と称する部分がある。平庭の部分に歌が入る。

30　久喜市鷲宮八甫《はっぽう》（注27）

七月二十四日、鷲宮神社。

村回りは鷲宮神社を出発し、神社、地区境、寺や堂などを巡り獅子舞が行われる。

現在行われているのは、梵天、〇弓、女獅子隠し。かつては、綱、橋掛り、のきば、も行っていた。

梵天は、いりは、ひらにわ、宮参り、さんぽう、しめ、梵天で構成されている。

31　桶川市小針領家（注28）

氷川諏訪神社の獅子舞。

明治末年までは、旧暦七月二十六日・二十七日、その後、九月二十六日・二十七日、戦後九月十四・十五日と変遷した。

大祭の前日には村回りといい、村内の七社のうち半分ほどを回る。演目は、平庭（草神楽ともいう）と役庭（正神楽ともいう）がある。村回りは平庭を神社で、氏子総代の家で役庭（正神楽）を行う。

大祭当日には、初庭が平庭、中庭は役庭、末庭は平庭を行う。

平庭や役庭とも倉林正次氏が詳細な記述を行っている。ここでは、倉林正次氏の記述を参照しながら、平庭についてみていく。

中獅子の出端

法眼は後ろで座り太鼓を叩く。女獅子は金桜の辺りで天狗と向かい合い太鼓を叩く。

中獅子は少し前に出て、二本のバチを右手に持ち、小刻みに進み、足踏みをし、左足を引き蹲《しゃが》む。立って太鼓を一つ打ち、激しく足踏みをし、一歩出て頭を左上方に振り上げ、右上方、左上方に頭を振り上げる。右足を引いて蹲み、立って同様に舞い、左足を引き、蹲む。

立って、バチワケといい、右手のバチを二本に分け、両手でバチを一本ずつ持つ。頭を左右左に振り上げる。

金の牡丹の前に進み出て、両手を開いて見、座って見る。左右左に頭を振る。後ろに下がり、銀の牡丹の前に進み（写真123）同様に行う。

中央に戻り、小刻みに進み、一つ跳ね、太鼓を両手で打ち、右手のバチは太鼓の胴の前面に立て、

123　小針領家の獅子舞１　銀の牡丹の前に進み見る

左手のバチは背中に立てる。そして、両手でコウガケを上方に広げ、その場で時計回りに回る。左手のバチは太鼓の胴に立て、右手のバチは背中に立て、頭を左右左に振る。同様にして反時計回りに回る。

小刻みに前進し、跳ねて、太鼓を一つ打つ。右手前左手後ろに開き伸ばし、右手で後退しながら地面に線でも引くようにする。これをバチオトシといい、次に同様に左手でバチオトシを行う。

右左と足踏みをし、太鼓を叩いて小刻みに進み、右足を踏み込んで時計回りに回り、同様に進み、左足を踏み込んで、反時計回りに回る。

法眼の出端

中獅子は後ろで座り太鼓を叩く。女獅子は金桜の辺りで天狗と向かい合い太鼓を叩く。

法眼は少し前に出て、二本のバチを右手に持ち、小刻みに進み、足踏みをし、左足を引き蹲む。立って太鼓を一つ打ち、激しく足踏みをし、一歩出て頭を左上方に振り上げ、右上方、左上方に頭を振り上げる。右足を引いて蹲み、太鼓を一つ叩き、跳びはねて、左足を軸にして頭を下げ時計回り、後ろを向き、見上げる。そらみという。立って同様に舞い、左足を引き、蹲む。

以降は中獅子と同様であるが、立って、バチワケといい、右手のバチを二本に分け、両手でバチを一本ずつ持つ。頭を左右左に振り上げる。

金の牡丹の前に進み出て、両手を開いて見、座って見る。左右左に頭を振る。後ろに下がり、銀の牡丹の前に進み同様に行う。

中央に戻り、小刻みに進み、一つ跳ね、太鼓を両手で打ち、右手のバチは太鼓の胴の前面に立て、左手のバチは背中に立てる。そして、両手でコウガケを上方に広げ、その場で時計回りに回る。左手のバチは太鼓の胴に立て、右手のバチは背中に立て、頭を左右左に振る。同様にして反時計回りに回る。

小刻みに前進し、跳ねて、太鼓を一つ打つ。右手前左手後ろに開き伸ばし、右手で後退しながら地面に線でも引くようにする。これをバチオトシといい、次に同様に左手でバチオトシを行う。

右左と足踏みをし、太鼓を叩いて小刻みに進み、右足を踏み込んで時計回り、同様に進み、左足を踏み込んで、反時計回りに回る。

すりかえし

獅子三頭と天狗が四方に位置し、その場で太鼓を叩き、左右に踏み、小足で前に進み、右足を踏んで（写真１２４）時計回りに回り戻る。次は、小足で前に進み、左足を踏んで反時計回りに回り戻る。だんだん速い調子で太鼓を叩き、同じことを二回繰り返す。

ぼんでん

法眼中心の舞である。

法眼は、太鼓の縁を叩き足踏みをする。両手に持ったバチを耳の所に肘を横に張って持ち、右足を一歩踏み出し、身体を前に倒し、右足を軸に時計回り、次いで、左足を踏み出して反時計回りに回る。

次にぼんでんを見る。

ぼんでんを見る順は、金桜・銀牡丹・金牡丹・銀桜・金桜である。

見る所作は、両バチを地につき見（写真１２５）、次いで、次の花の方へ飛び出し、元へ飛び返して、右足を前方に踏み出し太鼓を叩き身体を前傾して見る。次に左足を前に出し見る。花から花へ移る時はバチをかつぎ小刻みに進む。

次いで、三頭の獅子と天狗は四方からぼんでんを見る（写真１２６）。見る時には太鼓の縁を叩く。

次いで、法眼がぼんでんを抜き取る（写真１２７）。その跡を足踏みをして見る。最後にバチみせをする。

ドテバタ

天狗と獅子三頭が四方に位置する。

内側を向いて足踏みしながら太鼓を叩く。その場で時計回りに回り、反時計回りに回り、移動し、

124　小針領家の獅子舞２　右足を踏んで時計回りに回る（写真提供　関根訪）

125　小針領家の獅子舞３　法眼は両バチを地面につきぼんでんを見る

126　小針領家の獅子舞４　３頭の獅子と天狗は四方からぼんでんを見る

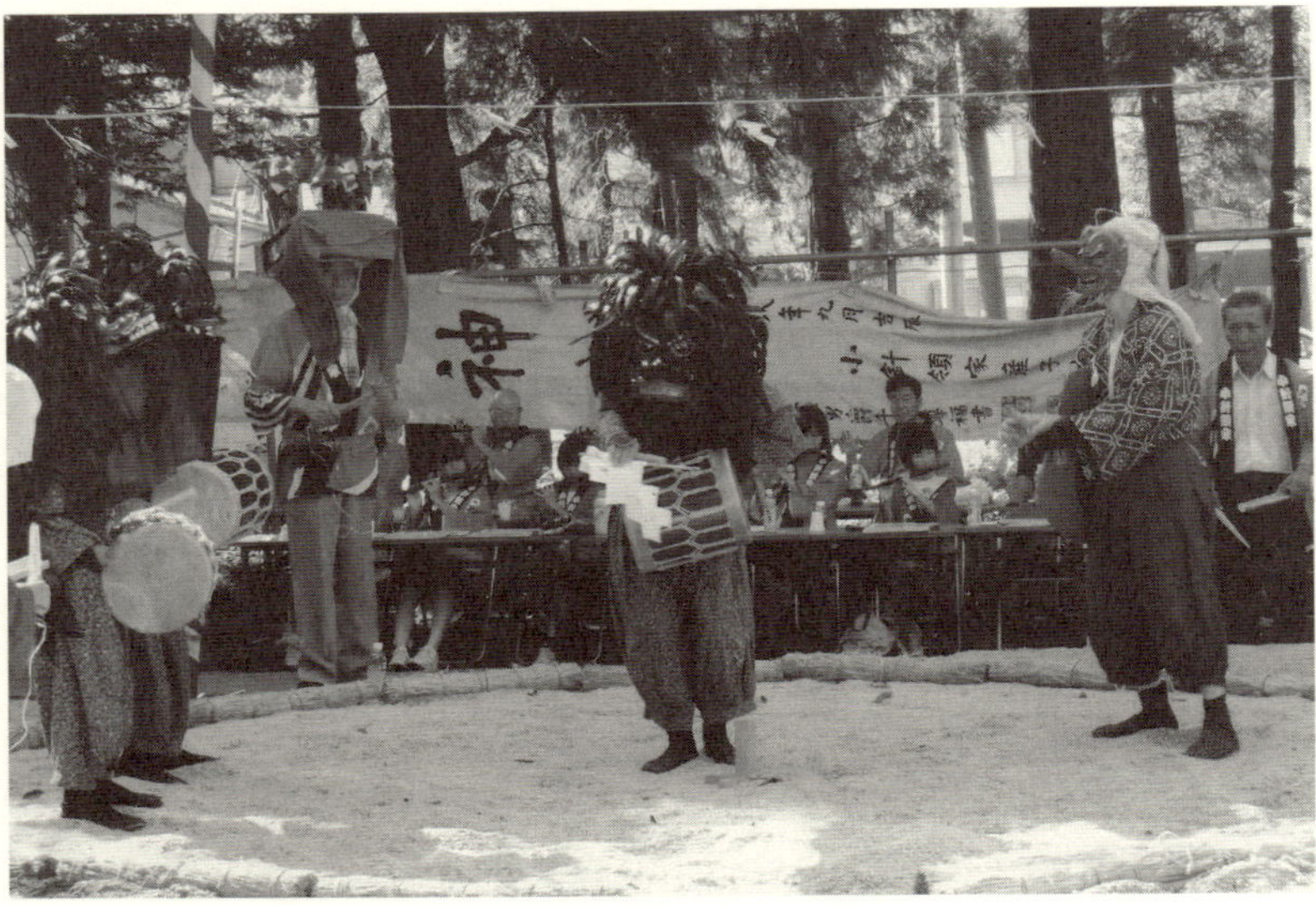

127　小針領家の獅子舞５　法眼がぼんでんを抜き取る（写真提供　関根訪）

四方に位置する。同様にして一廻りし、獅子三頭は横一列に並び、左右に足踏みをする。

法眼が、バチノシといい、前に出て右手のバチを前に出す（写真128）。戻る、前に出て左手のバチを前に出し、戻る。

ツルカメ

天狗と三頭の獅子は四方に位置する。内側を向いて太鼓を叩き、左右の足踏みをする。小刻みに速く出て右足を踏み込んで時計回り、次は左足を踏み込んで反時計回りに回る。同じことを三回行う。

横一列になり、ドテバタと同様にバチノシを行う。

歌、リーロロ

天狗と三頭の獅子は、横一列で左を向き足踏みをしながら太鼓の縁を叩く（写真129）。前を向き太鼓を叩く。同じことを繰り返す。

歌が入る時には、横一列で左を向き、足踏みをしながら太鼓の縁を叩く。

歌の間には、前を向いて太鼓を叩く。

歌は、

「まいりきて　これのおにわを　ながむれば　こがねこぐさが　あしにからまる」である。

ザンザカザン

天狗と三頭の獅子は、四方に位置する。内側を向いて、右足を前に踏み出し、太鼓と太鼓の縁を叩く。左足を踏み出し、太鼓と太鼓の縁を叩く（写真130）。右足を踏み出し、太鼓と太鼓の縁を叩

128　小針領家の獅子舞６　法眼が右手のバチを前に出す

129　小針領家の獅子舞７　横一列で左を向き、太鼓の縁を叩く

130　小針領家の獅子舞８　左足を踏み出し太鼓、太鼓の縁を叩く

く。

法眼が小刻みに時計回りに回る。少し下がり、両足で跳びはね、太鼓を一つ叩く。右手のバチを前に出し下がる。両足で跳びはね太鼓を一つ叩く。左手のバチを前に出し下がる。

ドテバタ

同じドテバタが繰り返し行われる。

花がかり、花割り、獅子隠し、シバクズシと続くが、ここでは省略する。

32　八潮市大瀬の獅子舞

七月一日、浅間神社、二日に氷川神社、七月第四日曜日に祈祷《きとう》獅子を行う。

演目は「庭」といい、各庭は、平舞、本舞（掛り）、結びの舞で構成されている。

掛りは、花取り、御幣、太刀、橋、綱、大弓、小弓、屏風返し、かんぬき、飛びがっこ、帰りがっこ、からすのぞき、である。

注

1 『埼玉の獅子舞』埼玉県教育委員会　昭和四十五年
2 『りょうかみ双書２　祭りと芸能』両神村　昭和六十三年
3 『歌舞伎・郷土芸能祭解説書』小鹿野町教育委員会　平成三十年
4 倉林正次『埼玉県民俗芸能誌』錦正社　昭和四十五年
5 『皆野町誌　通史編』皆野町　昭和六十三年
6 注１書
7 『上里町史　別巻』上里町　平成十年
8 『児玉町史　民俗編』児玉町　平成七年
9 古野清人『古野清人著作集第六巻』三一書房　一九七三年
10 注１書
11 注１書
12 注１書
13 注１書
14 地元制作資料、『八基村誌』（八基村誌刊行委員会　昭和三十七年）
15 注１書
16 『熊谷市史研究　第６号』熊谷市教育委員会　平成二十六年
17 注１書
18 注１書

19　地元資料中手子林
20　地元資料下手子林
21　注4書と筆者調査
22　筆者調査大越三耕地
23　『大利根町史　民俗編』大利根町　平成十一年
24　注23書
25　注4書と『宮代町史資料　第十四集　東粂原の獅子舞』（宮代町教育委員会　平成十年）
26　『彩る獅子　祈りと願い―久喜市の獅子舞展―』　久喜市立郷土資料館　平成三十年
27　注26書
28　注4書と筆者調査

まとめ

最初に歌が多く歌われる獅子舞についてまとめておく。

1　川越の獅子舞

川越では多くの獅子舞が行われてきた。特徴の一つとして、歌が多く歌われる獅子舞が多いことである。

八切りと十二切りの二演目がある獅子舞は、八切りは、二頭の男獅子が一頭の女獅子を取り合う内容を含むもので、歌われる歌の数は少ない。それに対して十二切りは、歌とともに舞いも進んでいくような内容であり、歌の数が多い。後にみる本庄市台町の獅子舞と同様に、二頭の男獅子が一頭の女獅子を取り合う内容は含んでいない。

八切りの獅子舞は、川越市の荒川の対岸にある、歌の数が少ない鴻巣《こうのす》、北本、桶川、上尾の獅子舞と比較できるようなものともいえる。

川越市の獅子舞では、次の富士見市の獅子舞と同じように、二頭の男獅子が一頭の女獅子を取り合うことを含み、多くの歌が歌われる獅子舞もある。

2　富士見市南畑の獅子舞

獅子舞が行われるのは、七月は天王様の祭り、十月のオヒマチには八幡神社で行われる。

演目は一つで、構成は、岡崎、舞節、御庭節、かっこ節、立ち歌、拍子節からなる。

岡崎で、獅子舞が行われる場に入る。

三頭の獅子は丸くなり内側を向いて太鼓を叩き、反時計回りに少しずつ廻る。そして、歌がうたわれる。

「まわれや車　まわれや車　つれてまわれや水車よな　つれてまわれや水車よな」

この歌に続いて、五首の歌がうたわれる。

御庭節では三首の歌、かっこ節では二首の歌、立ち歌では一首の歌、拍子節では五首の歌、最後に、「いつのめざさに　つゆもいらぬおいとま申していざかいらいな　おいとま申していざかいらいな」である。

3　本庄市台町の獅子舞

ここの獅子頭には寛文年間の墨書がある。獅子舞が行われるのは、八坂神社の例大祭である。

演目は一つで、歌が多くうたわれる。最初にうたわれる歌は、

「まわれや車　まわれや車」である。

この獅子舞は、他の歌が多く歌われる獅子舞とは異なり、二頭の男獅子が女獅子を取り合う内容が含まれていないことである。

4　川島町北園部の獅子舞

演目は二つある。「始めの庭」、「終いの庭」である。

「始めの庭」では、「入葉」に続いて、丸くなり舞う。歌は、

「京から下る唐絵の屏風ひしとひしにさらりとしき舞ひさいな」である。

「終いの庭」でも、「入葉」に続いて、丸くなり舞う。歌は、

「京から下る唐絵の屏風ひしとひしにさらりとしき舞ひさいな」である。

「始めの庭」と「終いの庭」の違いは、「始めの庭」では二頭の男獅子が女獅子を取り合う内容があるが、「終いの庭」では女獅子を取り合う内容を含んでいないことである。

5　鴻巣市小谷の獅子舞

獅子舞は、日枝神社の十月十五日の祭りに行われてきた。

ここの獅子舞は、最初に棒術があり、棒頭が四方切りをして場を清める。

続いて獅子舞が行われ、時計回りに廻り、

「廻れや車　廻れや車　ついて廻るは水車よ　ついて廻るは水車よ」

「からから下りの　からひの屏風　ひといにさらりと　引き回される　ひといにさらりと　引き回される」と歌われる。

6　行田市野《の》の獅子舞

元は諏訪神社の祭礼に行った。現在は、久伊豆《ひさいず》神社、諏訪神社などで行う。演目は一つである。

一首の歌の後、内側を向いて時計回りに廻りながら太鼓を叩く。

「唐からくだりた唐絵の屏風　一夜にさらりと　ひきまわせよな　一夜にさらりと　ひきまわせよな」

「まわれよ車　車よまわれ　続いてまわるや　みずぐるまよ　続いてまわるや　みずぐるまよ」

である。

この後には、十五首の歌が歌われる。

7　鴻巣市広田の獅子舞

現在は歌が多くうたわれていないが、資料では「すり込みの唄」として、

「京から下りの唐絵の屏風　さらりと開いて　引き廻せよな　さらりと開いて　引き廻せよな」

「まわるは車　まわるは車　くるりとまわるは　水車よ　くるりとまわるは　水車よ」

である。

この後にも多くの唄が掲載されている。

8　吉見町松崎の獅子舞

この獅子舞は旧暦八月十五日に八幡神社で行われた。資料に掲載されている唄についてみる。
「すっこみ」で二首の歌が歌われ、「ヒャロヒャット｜」で、
「まわるは車　まわるは車　ついてまわるは　水車よ」
と歌われる。この後も多くの唄が掲載されている。

以上、演目が少なく、歌が多く歌われる獅子舞を取り上げたが、これらの獅子舞は川越市と、その周辺の獅子舞が多い。ただ、本庄市台町の獅子舞が少し離れている。

秩父市や皆野町《みなのまち》の椋《むく》神社などの三ヶ所の獅子舞は演目が多いが、歌が多く歌われる演目があり、上野村のギンギャクの演目がある獅子舞と比較する。

ここでは、まず、上野村塩ノ沢のギンギャクの歌詞と、皆野町椋神社の「宿割り」の歌詞とを比較する。括弧内が上野村塩ノ沢、●印が皆野町椋神社の歌である。

「廻れ廻れ水車　おそく廻りて　せきのと廻るな」
●まわれまわれ　水車　おそくまわりて　関にまような
「京から下る　からえの屏風　ひとえにさらりと　引きやまわした」

●我が親の　うえてそだてた　姫小松　一枝たわめてこしをやすめな
「七つ子が　今年初めて　ささらする　よくはなけれど　お目にかけそろ」
●おもいもよらぬ　あさぎりがおりて　そこで女獅子を　かくされたよな
「かまくらの　御所の見こしに　雪降りて　雪をこかげに　たつがまいたよな」
●仲立ちの　腰にさしたる　小わきざし　つばも目ぬきも　黄金なるものよ
「おもいもいらぬ　朝霧が　下りてそこで　女獅子が隠されたよさ」
●おく山の　岩に女獅子が　すをかけて　岩をくだいて　女獅子たずねる
「なにと女獅子を　かくしても　ついに一度は　めぐりあうべし」
●山がらが　やまがういとて　里え出て　これのおにはへ　もとりうたばよ
「山がらが　山が憂いとて　里へ出て　これのお庭で　羽を休めろ」
●あら川の　あいのうおさえ　もどりうつ　それをみまねにもどりうたばよ
「山雀が　さしこのうちにて　もどり打つ　あれを見まねに　もどり打たれた」
●天竺の　あい染川原の　はたにこそ　しゅくせむすびが　神のたたれよ
「山雀が　山が憂いとて　里へ出て　これのお庭で　羽を休めろ」
●まことにも　しゅくせむすびが　神ならば　女獅子男獅子を　むすびあわせる
「おく山の　岩に女獅子が　すをかけて　岩を砕いて　女獅子たずねる」
●天竺の　笛と太鼓の　音すれば　女獅子男獅子が　かたをならべる

「天竺の　あいその川原の　はたにこそ　宿世結びの　神のたたりこ」
●仲立ちの　中で心をしゅくさより　出でて我等も　かたをならべる
「まことにも　宿世結びの　神ならば　おもを女獅子に　結びたもれよ」
●とてもたつなみ　いま一度ようさ　とてもたつなみ　いま一度ようさ
「中立ちも　中心を　つくさより　いでてわれらと　肩を並べる」
●海の戸中の　浜千鳥　なみにゆられて　ぱっとたちさらう
「うれしやな　神のこりしょが　ござるけて　おもを女獅子に　おおぞうれしや」
●うれしやな　風がかすみを　まき上げて　女獅子男獅子　うさうれしやな
「これのおつぼの　ぼたん花　つばみさかりで　きょくおすます」
●京から下り　からへのびょうぶ　ひとへにさらりと　ひきやまわせる
「あれを見さい　竹にからまる　はいふじを　きりてほぐせば　ほろりとほぐれる」
●松山の　松にからまる　つたのみも　えんがつきれば　ほろりほぐれる
「国からも　急げ戻れと　文が来て　おいとま申て　戻りこささら」
●いつまでも　遊びたけれど　日も暮れる　おいとまもうして　もどり子ざさら

群馬県上野村と埼玉県皆野町の歌詞を比較すると、共通している歌詞が多いことは一目瞭然である。群馬県では演目の一部にギンギャクが含まれる獅子舞があることはすでにみてきたとおりである。

ただ、演目の名称がギンギャクというのは上野村だけである。そして、このギンギャクという演目と秩父の椋神社の獅子舞の「宿割り」が、ほとんど同じ歌詞が獅子舞で歌われていることは注目すべきである。

さらに、演目の内容が、男獅子が太刀を咥えたり、二頭の男獅子が女獅子を取り合う内容を含んでいるのに、演目が「白刃」とか「女獅子隠し」という名称でないことは、「女獅子隠し」とか「白刃」という名称が使われるようになった経緯とか、それぞれの獅子舞の歴史を考える時に重要である。

塩ノ沢の「銀ぎゃく」は、太刀を咥えて行うのは、四方固めであり、東京都奥多摩町の四方固めといわれる「白刃」と共通した内容を含んでいる。

次いで、埼玉県内の平庭や神の前などがある獅子舞の演目を列挙して、平庭や神の前の内容の検討や、栃木県や群馬県の獅子舞と比較してみる。

●秩父市山田矢行地の獅子舞

平ざさらの他、幣掛り、花掛り、太刀掛り、車軸、沢掛り、弓掛り、鞠掛り、白刃掛り、責合場、戻りざさら、である。

●秩父市大滝浜平の獅子舞

神の舞、庭固め、二本幣、膝折り、一本幣、笹掛かり、弓掛かり、幕掛かり、鞠掛かり、剣掛かり、竿掛かり、二つ花、である。

●小鹿野町両神小森煤川の獅子舞

平ざさらの他、戻りざさら、雌獅子隠し、弓掛り、太刀掛り、鞠掛り、岡崎、である。

●小鹿野町長留の獅子舞

平簓の他、花掛り、幣掛り、座敷廻り、岡崎、骨っ返り、鞠掛り、太刀掛り、竿掛り、女獅子隠し、曽状、である。

●皆野町門平の獅子舞

門平の獅子舞は「神簓」と十二演目の「庭舞」からなる。
「庭舞」は、神楽、剣掛り、笹掛り、松掛り、お練り、花廻り、花狂い、友狂い、幣掛り、二本立、鞠掛り、花遊び、である。

●皆野町奈良尾の獅子舞

門平と同じように、奈良尾の獅子舞も「神の舞」と「庭ざさら」である。
「庭ざさら」は、花遊び、まりがかり、友ぐるい、剣がかり、弓がかり、である。

秩父地方の獅子舞は全体的には演目が多い。ここで取り上げた六ヶ所の獅子舞も演目の数が多い。ここで取り上げていない秩父の獅子舞も演目の数が多い。ここでは、歴史的にも重要な秩父市浦山の獅子舞を中心にみる。

浦山の獅子舞では、昌安寺蔵の「大日本獅子舞来由」三巻（注29）がある。ほとんど同じ内容の文書が東京都の奥多摩町などにある。

浦山の獅子舞は、盆中の川施餓鬼にも行われ、丹生様やお諏訪様の祭り、大日如来の縁日に行われる。

演目を列挙する。「大狂い」「花懸り」「綱懸り」「幣懸り」「飛剣」「剣懸り」であり、かつてあったとされるものは、「眺め」「竿懸り」「鞠懸り」「提灯懸り」である。

秩父郡に隣接する飯能市には、由来が浦山の獅子舞と関わる獅子舞がある（注30）

北川の喜多川神社獅子舞の由来は、

「天正年間（一五七三〜一五九二）観音信仰に厚い平兵衛なる人が秩父の浦山から（或いは横瀬の芦ヶ久保）から伝習したと伝える」である。

獅子舞を行うのは、八月十七日が岩井沢観音堂、翌十八日が柏木不動堂と喜多川神社である。演目は、「宮参り」「幣掛り」「花掛り」「竿掛り」「白刃」「女獅子隠し」「十文字」「剣掛り」である。

もう一ヶ所の獅子舞は、南川の花桐諏訪神社の獅子舞である。由来は、

「天正年間に秩父浦山の昌安寺から伝授されたという言い伝えあり」である。

獅子舞を行うのは、八月十六日・十七日である。昭和三十年代までは八庭行った。内訳は、「幣掛り」「蛇掛り」「花掛り」「笹掛り」「棹掛り」「女獅子隠し」「十文字」「白刃」である。

飯能市に接する秩父郡横瀬町芦ヶ久保の獅子舞についてもみる（注31）。

由来は、

「竜源寺に住職として移り住んだ越後の生阿是心比丘という僧侶が宝暦二年（一七五二）村越五左衛門の協力によって村の若者に伝えたといわれる」である。

『忍藩秩父領割役御公用日記』の享保二（一七一七）年六月十五日に、

「雨乞ささらあしがくぼより呼申候」とある。

後の文書が年代を遡ることを考えると、享保二年の時の獅子舞と、宝暦の獅子舞は、獅子舞の演目などが異なるものと考えるのが妥当かも知れない。

芦ヶ久保の獅子舞は、諏訪神社に奉納していたが、大正十四年以降白鬚神社に移され、この神社に奉納している。祭りは、旧暦七月二十五日から、月遅れの八月二十五日、大正初期に盆の十六日と変化した。

芦ヶ久保の伝承では、北川と南川の獅子舞は、芦ヶ久保から伝授したと伝えられている。

演目は、「幣掛り」「眠忍び」「蛇掛り」「十文字」「花掛り」「女獅子隠し」「竿掛り」「白刃」の八庭である。明治時代には「剣掛り」「鞠掛り」も行われ、他に二庭あったという。

浦山の獅子舞、北川の獅子舞、南川の獅子舞、芦ヶ久保の獅子舞は、全体的には演目の数が多く、共通した演目も多くみられる。

秩父の獅子舞は演目が多く、飯能市内の獅子舞も演目が多いし、これらの地域に接する東京都の獅子舞も演目数が多く、その名称も共通している。

続いて、多くは栃木県や群馬県に近い獅子舞である。

●上里町三町の獅子舞

平庭の他、梵天掛り、毬掛り、弓掛り、橋掛り、笹掛り、綱掛り、太刀掛り、岡崎、女獅子隠し、仕舞切り、である。

●本庄市牧西の獅子舞

平庭の他、弓、笹がかり、ぼんぜん、女獅子隠し、である。

●深谷市上野台の獅子舞

へらざさらの他、御幣掛り、弓掛り、花掛り、綱掛り、ほねっかいり、ばちかつぎ、である。

●深谷市柏合の獅子舞

へらざさらの他、御幣掛り、弓掛り、いかえり、はねかえり、ばちかつぎ、女獅子隠し、雨乞い、である。

●深谷市上増田の獅子舞

平庭の他、橋掛り、女獅子隠し、ぼんぜん掛り、である。

●深谷市堀米の獅子舞

いれは、おんべ掛かり、ひら、女獅子隠し、橋掛かり。

●深谷市血洗島の獅子舞

平ささらの他、花ささら、中ささら、ぼんぜんかかり、橋掛り、綱掛り、花かかり、である。

●深谷市南阿賀野の獅子舞

平ささら、橋渡り、女獅子隠し。

●深谷市町田の獅子舞

神の庭の他、梵天掛り、橋掛り、獅子隠し、綱掛り、である。

●熊谷市上押切の獅子舞

平庭の他、花掛り、幣掛り、橋掛り、綱掛り、雌獅子隠し、である。

●行田市白川戸の獅子舞

平庭の他、関門戸、笹、花掛り、弓くぐり、注連くぐり、橋渡し、神上げ、である。

●行田市下須戸の獅子舞

平庭の他、通り、腰休み、笹冠り、栄え、花遊び、橋渡り、清浄流し、鉢巻き、である。

上里町三町の獅子舞は演目が多い。演目が多い群馬県の稲荷流の獅子舞との関わりがあるかも知れない。

本庄市牧西の獅子舞と深谷市内の七ヶ所の獅子舞、熊谷市一ヶ所の獅子舞、これらの獅子舞の演目数は数演目である。行田市二ヶ所の獅子舞も数演目である。

羽生市の二ヶ所の演目数は、中手子林は十一、下手子林は八と比較的多くなっている。「鐘巻」という道成寺伝説との関わりがあり、江戸との関わりがあるとも考えられる演目が含まれているためとも考えられる。

久喜市二ヶ所の獅子舞は、演目名として平庭があるわけでなく、演目の中の一部に平庭がある。例えば、鷲宮八甫の獅子舞の「梵天」といわれる演目は、いりは、ひらにわ、宮参り、さんぽう、しめ、梵天、で構成されている。

宮代町東粂原の獅子舞は、数演目あり、平庭は花笠に掛かる内容を含み、秩父市矢行地の獅子舞などと共通している。

桶川市小針領家の獅子舞の演目は、平庭と役庭がある。平庭は埼玉県内では広くみられる「女獅子隠し」といってもよく、同じ内容である。それは、栃木県の平庭の一部とも共通している。

加須市北川辺飯積の獅子舞は、平井祐作流でこの流派の中心である。周辺地域の同様な流派と考えられる獅子舞をみる。

隣接する群馬県板倉町の獅子舞の流派名と演目からみる。

●籾谷の獅子舞

板東助作流。

演目は、「神祇」「小がけ」など。

●飯野本村の獅子舞

日光助作流。

●島耕地の獅子舞

板東祐作流。

演目は、「小笹の舞」「岡崎」「花見の舞」。役物として、「雌獅子隠し」「弓くぐり」「橋渡し」。

●海老瀬・通り耕地の獅子舞

平井助作流。

「神祇」「岡崎」。役物、「四ツ花」「蛇がかり」「橋がかり」「橋がかり」。

茨城県についてもみる。

●古河市女沼のささら

武蔵国飯積の平井覚亮が伝えたという。

●古河市関戸の獅子舞

明治十四年の墨書がある長持ちには、「飯積村平井祐作流門人」とある。

加須市大越三耕地では、飯積から伝授された文書があり、現在も獅子舞が行われている。この獅子舞は飯積と共通したものが多い。

加須市大利根の獅子舞には次の獅子舞がある。

●道目下耕地のささら

「平出祐作流」数演目の獅子舞である。

●北下新井のささら

「祐作流」といい、加須市北川辺麦倉細間から習い覚えたという。演目は数演目である。

平庭などの演目はないが、同種の流派がみられるのは羽生市内にあり、それも付け加える。尾崎の獅子舞は平井祐作流という。平庭で取り上げた下手子林の獅子舞と上村君の獅子舞は作本祐作流である。

平井祐作流などといわれる加須市北川辺飯積の獅子舞は、栃木県を中心にした平庭などといわれる演目ほど広範囲の分布ではないが、埼玉県内だけでなく、群馬県板倉町、茨城県古河市に分布している。

注

29　『浦山の獅子舞』秩父市教育委員会　平成二十五年

30　『飯能の獅子舞―舞い狂う　祓いの芸能―』飯能市教育委員会　平成十八年

31　『芦ヶ久保の獅子舞とその周辺』横瀬町歴史民俗資料館　平成十三年

二　福島県の獅子舞

福島の獅子舞では、平庭や平ささらといわれる演目がみられる例が少ないが、栃木県との関わりでは、重要な文献がみられる。南会津町の栗生沢に関わるものである。

年号・名前などでは、

「承応元年辰年ノ七月吉日　佐竹野口村　青木角助　福田作兵衛　田辺庄五郎　右三人相伝之写也持主　拾郎」とある。

掛りのことなどは「山かかりあらくかかるなり」、四本かかりは「ひかしハはる　さくら」「みなみハなつ　やな木」「にしハあき　もミぢ」「きたハふゆ　松なり」とある。

それに、会津若松市木流《きながし》の由来書には、最初に、

右大将頼朝公鶴か岡の神前おゐて　御上覧有其時天下一獅子太夫御免を蒙り　諸々廻国して興行ス伝書　岩戸図踊方伝書花笠　五本立ツ右花笠五本立　是は岩戸巻物獅子踊方　伝書所持なきにおゐては五本　立花笠立てさせ間敷事

一　伝の巻物伝書ニ印伝候者也

天下一獅子太輔　佐竹野口邑　青木角助
寛永五歳六月吉辰　橋本木流村　竹林杢助殿

とある。

1　南会津町栗生沢の三つ獅子

火鋏流。

旧六月十一日から十三日の山神祭、旧盆、二百十日の風祭り等。

田島町中荒井より伝えられた文書がある。文書には、栃木県で伝えられているものとほとんど同じものがある。

文書の中には「火鋏流平掛り之巻」と「巻キヨセ伝授之巻」があり、「火鋏流平掛り之巻」を引用する。

〔一にわみ、はしめ、男獅子、さき踊り出シ、四方、固め、いたし、にわを、一踊リシテ、后へ引ク、左の方ニ休ミ、たいこを、打居る太夫獅子又踊り出シ、右の如ク四方かため致シ、帰りて、しさり、又踊り出シ、御拝をたで置キ、座ニ、たまけ、后へしさり、左へよりて、きを付け、又右ニよりて、きを付け御拝の本にばつざし、いたし、但シ初めの手在、それヨリ左へ回り、ばうざシ、右の手御拝ニそをいなシト、安神致シ男獅子ニいよいよ、御へいニそをいなしト、知せたり、又女獅子ニモ同じク知せ又御へいを右へまわり、帰りて后へ引き座ニ、すわり立踊り、致し、御へいの前にすわり、此の儀ハ、ひざまヅク事、其ヨリ左の手ニテ、御へいをもどまわり、三べんまわし、又立后へしさり、それヨリ又踊りでる、左より三足出る又御へいの前に、すわり御へいをゆぐがし又立上り帰り踊り居る又御へいの前ニすわり御へいをぬきとりかいりいたとく后へすさり男獅子ニ知せ同じク女獅子ニ知せ四方がため致シ帰テ男獅子ニ向へ笛のをどかわり御へいを后ニおさまり、よげいニ始まりへい掛り終り」

2　いわき市内郷高野町の獅子舞

鎮守鹿島神社の九月十日の祭礼（もと七月十日）。

演目は〇弓舞、平獅子。鹿島一刀流の棒使いである。

平獅子の歌は、

「天竺天王むらむら雀　ささきを揃えきりかえせんの　きりかえせんの」

「鹿島から連れてくださる雌獅子をば　かくしとられた　かくしとられた」

「風に霞ふきはらに（で）　ここで雌獅子を見つけたいな　見つけたいな」

「松山の松にからまるつるたの藤も　年（縁）が切れればさらりほとふぐれる　さらりほとふぐれる」

である。

まとめ

南会津町高野の獅子舞は、平獅子などの演目はないが、獅子頭が下野国文挟村の青木角助の作であるという。獅子舞の内容は、橋渡り舞や○弓くぐりがある。

喜多方市中村の彼岸獅子舞の由来は、江戸時代に関東火鋏流の池上満太夫がこの地を訪れ、獅子頭を作り舞を伝授したという。獅子舞の中には雌獅子隠しや弓くぐりがある。

三　東京都の獅子舞

1　板橋区徳丸の獅子舞（注1）

五月五日（昭和二十一年十月十九日前後）。

演目は、平おどり、笹おどり、帯おどり、花おどり、花四ツおどり、幕がかりである。

2　豊島区長崎神社の獅子舞（注2）

五月第二日曜日。

演目は、平舞、笹舞、帯舞、花舞、花四つ舞、幕掛り舞がある。

辻おどりには「ふんごみ」を行う。

平舞、笹舞について、昭和三年に作成された「長崎神社宝物御獅子履歴」に掲載されたものを引用する。

〔一平舞　此舞ハ舞方中一番容易ニテ学校ニ例ルナラバ一年生即チ新入学程度ト同ジク一番最初御獅子舞ヲ稽フ人々ノ始ムル舞ニテ別ニ細キ説明ノ要ナシ

一笹舞　此舞ハ女獅子仲獅子ニハ面白キ事ナキガ親獅子ニ至リテハ笹ニ舞狂フテ其笹ヲ呑ミニ掛ルガ笹ガ喉ニツカエ其タメニ非常ニ苦シク打倒レタリ色々荒レル模様ヲ見セル」

3　中野区江古田の獅子舞（注3）

十月第一日曜日。

演目は、四方固め、平舞、ふちかけ、笹がかり、帯がかり、幕がかりである。

三頭の獅子は、女獅子、中獅子、大獅子である。平舞についてみる。

大獅子、女獅子、中獅子の順で舞う場に入り、時計回りに廻る。庭草の舞といい、太鼓を叩きながら、内側を向いたり外側を向いたりする。

三頭の獅子は横一列になり、女獅子が最初に出て四方固めをする（写真131）。四方を時計回りで頭を振りながら太鼓を叩き二周する。

続いて中獅子が出る。舞う場の中央から前進する。コウガケを持って左右に振る。両手のバチを片方ずつ回す（写真132）。バチを回して災いを祓うのだという。

コウガケを振って左右に動き、背をそる。これらを繰り返す。

続いて大獅子が中央から舞い出しをする。低い姿勢で右手のバチを前に出し、立てるようにして持つ。コウガケを左右に振る。

131　江古田の獅子舞１　女獅子が四方固めをする

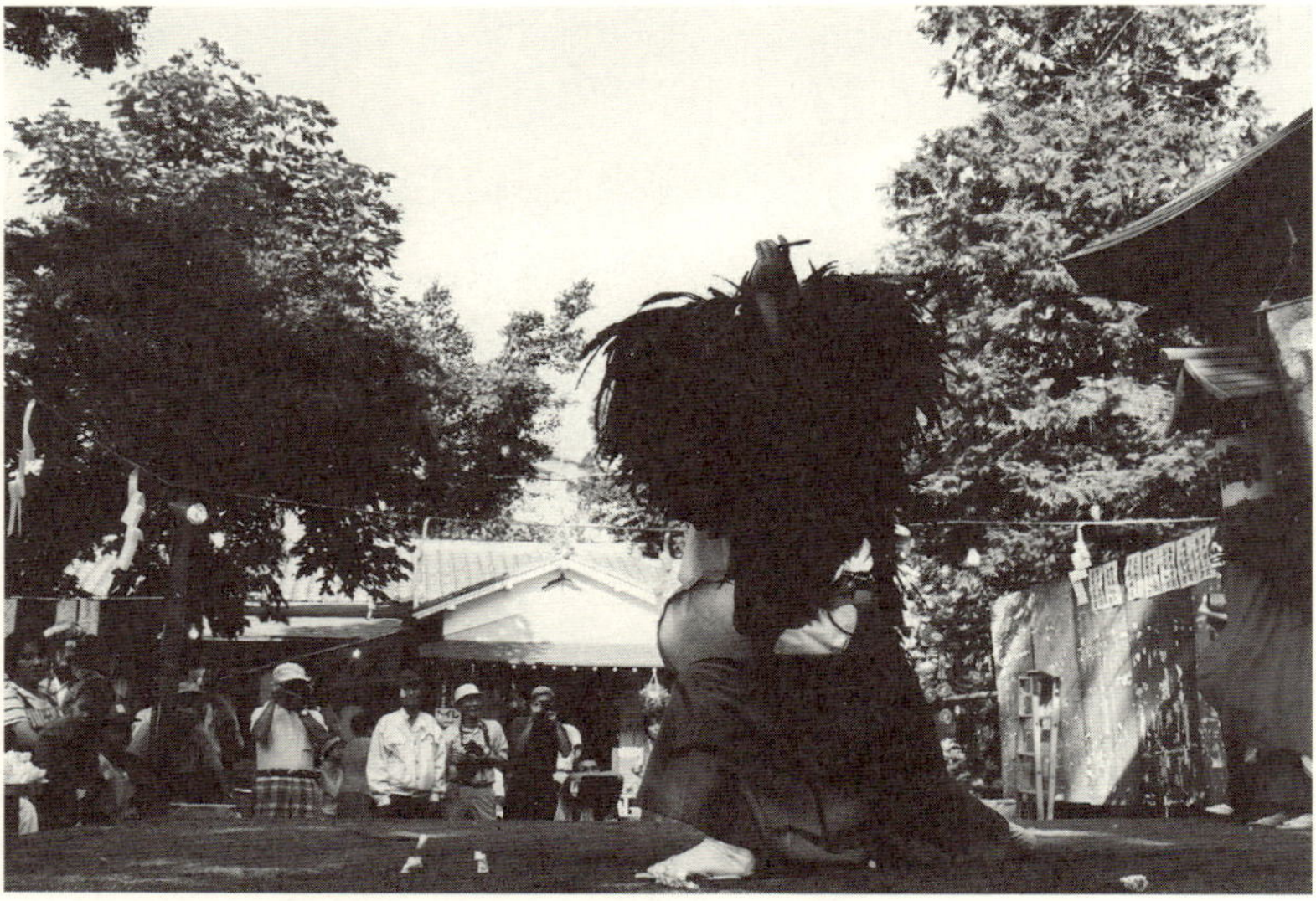

132　江古田の獅子舞２　中獅子が両手のバチを片方ずつ回す

コウガケの中で両手のバチを合わせ、印を結ぶようにする。

これから大獅子の平舞である。

前に出て、コウガケを左右に振り、バチで地面をかく。眠りに誘われる。この状態を「つぐみ」という。

女獅子、中獅子が太鼓を叩いて大獅子を起こす。大獅子はバチで地面をかく。コウガケを左右に振る。東西南北に動き、東西南北で四股を踏む。

前に出たりする時に右手左手のバチを回す。両手のバチを前で合わせて回す。これらのことを繰り返す。

庭草の舞になり、三頭で丸くなり、太鼓の縁を叩いて内側を向いたり外側を向いたりする。

三頭の獅子は片足ずつ交互に前に出して、太鼓の縁を叩く。外側を向いて背をそる。内側を向いて頭を振りながら太鼓の縁を叩く。

大獅子、女獅子、中獅子の順で舞う場を退く。

4　青梅市澤井の獅子舞（注4）

八雲神社の七月二十五日の祭りに行われる。

『澤井獅子舞由来記』には「角兵衛流獅子舞再相傳之事」がある。

「一番　平狂　　　二番　幣懸り
三番　笹懸り　　　四番　まり懸り
五番　花見懸り　　六番　竿懸り
七番　婦獅子蔵　　八番　鹿遠聲
九番　八戸狂　　　十番　紅懸り
十一番太刀狂　　　一、鹿遠聲は婦獅子蔵にこもる但しくい伏せの事也
十二番剣懸り　　　一、八戸狂は御祈祷の事也
（後略）」

この文書は、宝暦八年七月吉日で「獅子再相傳之師　丹波山村　治郎兵衛」から澤井村の十四人の名前がある。平狂いの歌は、

「松山ノ松ニカラマルツタノハモ　ゴエンガツキロバ　ホロリホロレル」である。

なお、澤井では「日本獅子舞之来由」があり、奥書は次のとおりである。

「寛文元辛丑七月日
　天下泰平祭御獅子祖家
　　傳所　山崎角太夫　印
武州三田領沢井村
　福島源三郎殿

傳」

平狂いの獅子舞は最年少の者たちの舞である。平狂いについてみる。なお、獅子三頭は大太夫・小太夫が男獅子で、それに女獅子である。花笠は四人で、ささらをする。

花笠が四隅に位置し、獅子三頭は横一列に並ぶ。向かって右から大太夫、女獅子、小太夫である。左右を見ながら両手で太鼓を叩く（写真１３３）。

前進し、それぞれ、二回時計回りに半回転し（写真１３４）、左右を見て太鼓を叩く。前を向いて太鼓を叩く。これを二回繰り返す。

前進後退し、反時計回り（写真１３５）、時計回り、反時計回り、時計回りに、それぞれの獅子が半回転する。前向きで、左右を向いて太鼓を叩く。前進後退する。反時計回り、時計回り、反時計回り、時計回りに、それぞれの獅子が半回転する。

女獅子は後、大太夫・小太夫の二頭は少し前で三角になる。

三頭は前進して右足を前に出し（写真１３６）、太鼓を叩いて身体をぶつけ合う（写真１３７）。左足に替え身体をぶつけ合う。三頭それぞれが片膝をついて時計回りに半回転する（写真１３８）。

前進後退し、太鼓を叩く。両手を上げて身体をぶつけ合うのを二回行う。片膝をついて時計回りに半回転する。これをもう一度繰り返す。

歌が歌われる。

「松山の　松にからまる　つたのはも　ごえんがつきれば　ほろりほろれる　ごえんがつきれば　ほ

ろりほろれる」である。

歌の間は、太鼓を叩き両手を上げる。それから、それぞれ時計回り・反時計回り・時計回り・反時計回り（写真１３９）に半回転する。

獅子は片足を前に出し、座って休憩する（写真１４０）。休憩後、身体を二回ぶつけ合う。

片膝ついて時計回りに半回転する。前進後退し、太鼓を叩く。両手を上げ、身体を二回ぶつけ合う。同じことを二回繰り返す。

片膝ついて時計回りに半回転し、前進後退する頃、

「松山の　松にからまる　つたのはも　ごえんがつきれば　ほろりほろれる　ごえんがつきれば　ほろりほろれる」が歌われる。歌の間には、両手で太鼓を叩き、手を上げる。時計回り、反時計回り、時計回り、反時計回りで半回転する。

片足を前に出し休憩。

「上げは」になり、花笠はササラを擢り動き出す（写真１４１）。獅子は、時計回り、反時計回り、時計回り、反時計回りで半回転する。それから花笠に向かって近づき見る（写真１４２）。前進後退を繰り返す。花笠は前進し、獅子が、時計回り、反時計回り、時計回り、反時計回りで半回転が終わると、花笠と獅子は一列になり退場する（写真１４３）。

133　澤井の獅子舞１　左右見ながら両手で太鼓を叩く

134　澤井の獅子舞２　時計回りに半回転する

135　澤井の獅子舞３　反時計回りに回る

136　澤井の獅子舞４　右足を前に出す

137　澤井の獅子舞５　太鼓を叩いて体をぶつけ合う

138　澤井の獅子舞６　片膝をついて時計回りに半回転する

139　澤井の獅子舞７　半回転をする

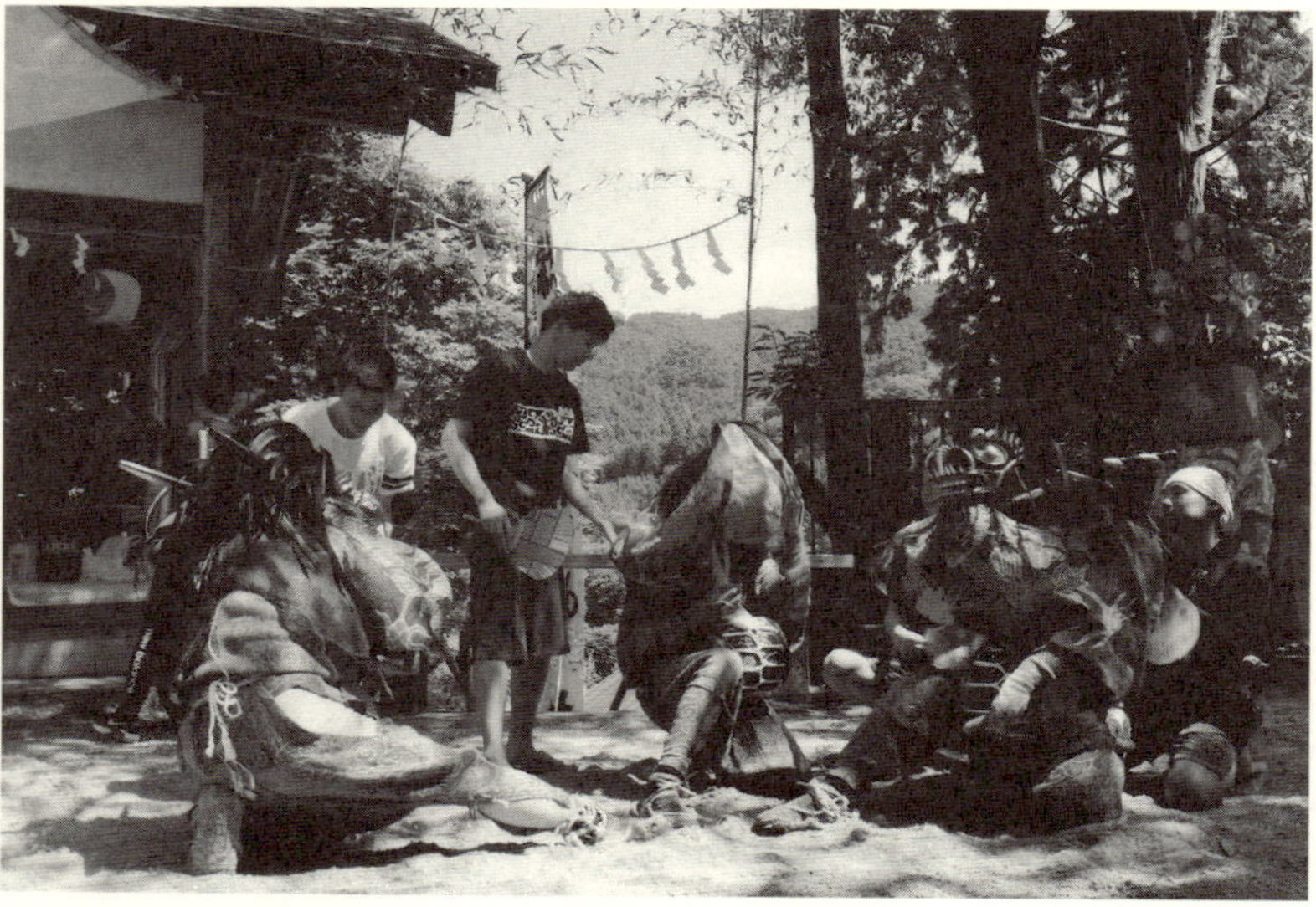

140　澤井の獅子舞８　座って休憩する

141　澤井の獅子舞９　花笠はササラを摺り動き出す

142　澤井の獅子舞10　獅子は花笠を見る

143　澤井の獅子舞11　花笠と獅子は退場する

5　町田市金井の獅子舞（注5）

演目は、平踊り、岡崎の舞、鹿島の舞、飛切の舞、鶯の舞、二の岡崎、返し歌の舞、立鷺の舞、おどしへの舞、三の岡崎、横切りの舞、終わりの岡崎。

注

1　『文化財の保護第二〇号』東京都社会教育部文化課　昭和六十三年

2　『豊島区長崎獅子舞調査報告』長崎獅子舞調査会　平成三年

3　『郷土芸術江古田の獅子舞』氷川神社氏子会　獅子舞保存会

4　注1書

5　本田安治『東京都民俗芸能誌　上巻』錦正会　昭和五十九年

まとめ

青梅市澤井の獅子舞は、「平狂い」の演目があるのは宝暦八年の文書である。それに、澤井には奥多摩町などにもある「日本獅子舞の来由」の寛文元年の文書がある。奥多摩町の獅子舞には「平庭」や「平狂い」などの演目はない。そして、奥多摩町の獅子舞は文挟流とか関白流といわれる獅子舞がある。

澤井は「平狂い」の演目があり、この演目は奥多摩町には取り入れられなかったと考えられる。

さらに、奥多摩町には海沢の獅子舞があり、「神立流」といい、演目は「しめがかり」「ひゃりこく（宮参り）」「十文字」「洞入り」「牢破り」「場狂い」「神立ち」「花がかり」「幣がかり」「棒がかり」である。

日の出町玉の内の獅子舞には、古くから伝承してきたものとして「神立」「神切」があり、これらの演目は栃木県の獅子舞というより、秋田の獅子舞と比較できるものであるが、秋田から伝播したとは考えられない。秋田の獅子舞は江戸時代初めに茨城から移ったものであると考えると、茨城からの伝播を考えてもよい。

四　新潟県の獅子踊り

新潟県内の獅子踊りや獅子舞には、平庭とか平さらなどという演目はない。しかし、演目の中に「ヒバサミ」とか「ヒマツリ」などがある。この演目は文挟流と関わりがあると考えられる。「ヒバサミ」や「ヒマツリ」などが行われる獅子踊りなどを、『越後の風流獅子踊り』（注1）を参照してみていく。

1　村上市金屋の獅子踊り

七月十四日・十五日天王様。

十四日、夜八時に公会堂を出る時、出踊りとして棒がかり、区事務所で花すえ、はしがかりを踊る。消防事務所で棒踊りとぶたいがかり、天王様の前で、〇弓くぐり、ひばさみ、おかざきを踊る。

十五日には、公会堂で棒がかり、その後、村中の家を廻った。

2　村上市大津の獅子踊り

八月二十三日・二十四日、地蔵様の祭り。

獅子踊りは下鍛治屋より習い覚えてきたと言われている。

二十三日には、公会堂で出踊りでひばさみ、相馬善十郎家と区長宅ではなすい、棒押しをして寺に入り、おかざき、はなすい、まくがり。

二十四日は、戦前は村踊りといい、全戸を回っていたが、現在は、上の地蔵様、中の地蔵様、鎮守の神明宮、新築した家などを回る。

演目には、〇弓くぐり、舞台がかり、橋がかりもある。はじめに、ひばさみを習う。

3　村上市坂町の獅子踊り

八月二十四・二十五日、若宮八幡宮の祭り。

下鍛治屋より習い覚えてきたといわれる。

二十四日は、出踊りにひまつり、区長宅前、ひまつり、ぶんでん、棒押しをして八幡宮に入る。神前で、ひまつり、つぼやま、棒がかり。

二十五日には、区長の家四軒、シンコ（新しく踊り子になった子）の家三軒、午後神社で踊る。そのほか、ぶんでんがかり、かねこ、花すい、橋がかりがある。

4 村上市名割の獅子踊り

八月二十四日・二十五日、二十六日、白山神社の祭り。

天保年間頃、下鍛冶屋へ習いに行って覚えたという。

二十四日、出踊りにぼんでん、区長の家で、○弓くぐり、ぶんでん、棒押しをしてお宮に向かう。宮では、ひまつり、もう一庭。

二十五日には、以前は村踊りをした。

二十六日はマクガリで、お宮でぶたいがかり、かねこ、ひまつり、ぶんでん、弓くぐり、はすがかり、棒がかり、花すえのすべての演目を踊る。その後に、一番小さい子に踊らせ、獅子が逃げないように捕まえて、歌上げの人が顎の下を切る。

名割から伝えられたというのが、中条町高野の獅子踊りである。演目には、いりこみ、はせがかり、かねこ、ぶんでん、棒がかりがある。以前はぶたいがかり、はなすえもあった。お宮に限り踊られるのが、いりこみであり、ひまつりに相当しているといってよい。ただ、いりこみでは幕を使っているという違いがある。

5　村上市下鍜冶屋の獅子踊り

この地方の元祖だという。

八月二十二日・二十三日、若宮八幡宮の祭り。

二十二、上鍜冶屋の諏訪神社で、ひまつり他、二にわ踊る。続いて、下鍜冶屋の若宮八幡宮で、ひまつり、ぶんでん、はなすえを踊る。

二十二日夜は、尼寺から出る。出踊りにぶたいがかり。棒押しをしながら若宮神社に入る。火祭りを子供が、若い衆がつぼやまを踊る。その後、花すえとか踊る。

二十三日は村おどりをする。演目は、ひまつり、つぼやま、ぶんでん、かねこ、橋がかり、棒がかり、はなすい、ぶたいがかり、である。

それぞれの踊りは、まいおどり、長うた、みじか歌、歌ぎり、山がかりからなる。

ひまつりについてみる。

横一列で前を向いて、手を前に出し踊る。片足を前に出し手を左右に振る（写真１４４）。手を胸に当てたり、その場で回り、逆に回る（写真１４５）。横一列で廻って横一列。横を向き（写真１４６）、後ろを向く。横を向き前を向き、横を向いて後ろを向く。反時計回りに回り、横一列。足踏みしながら手を上げ（写真１４７）、手を組んだり、反時計回りに廻り、最後は横一列になり、横を向いて、前を向いて礼をする。

144　下鍛治屋の獅子踊り 1　手を左右に振る

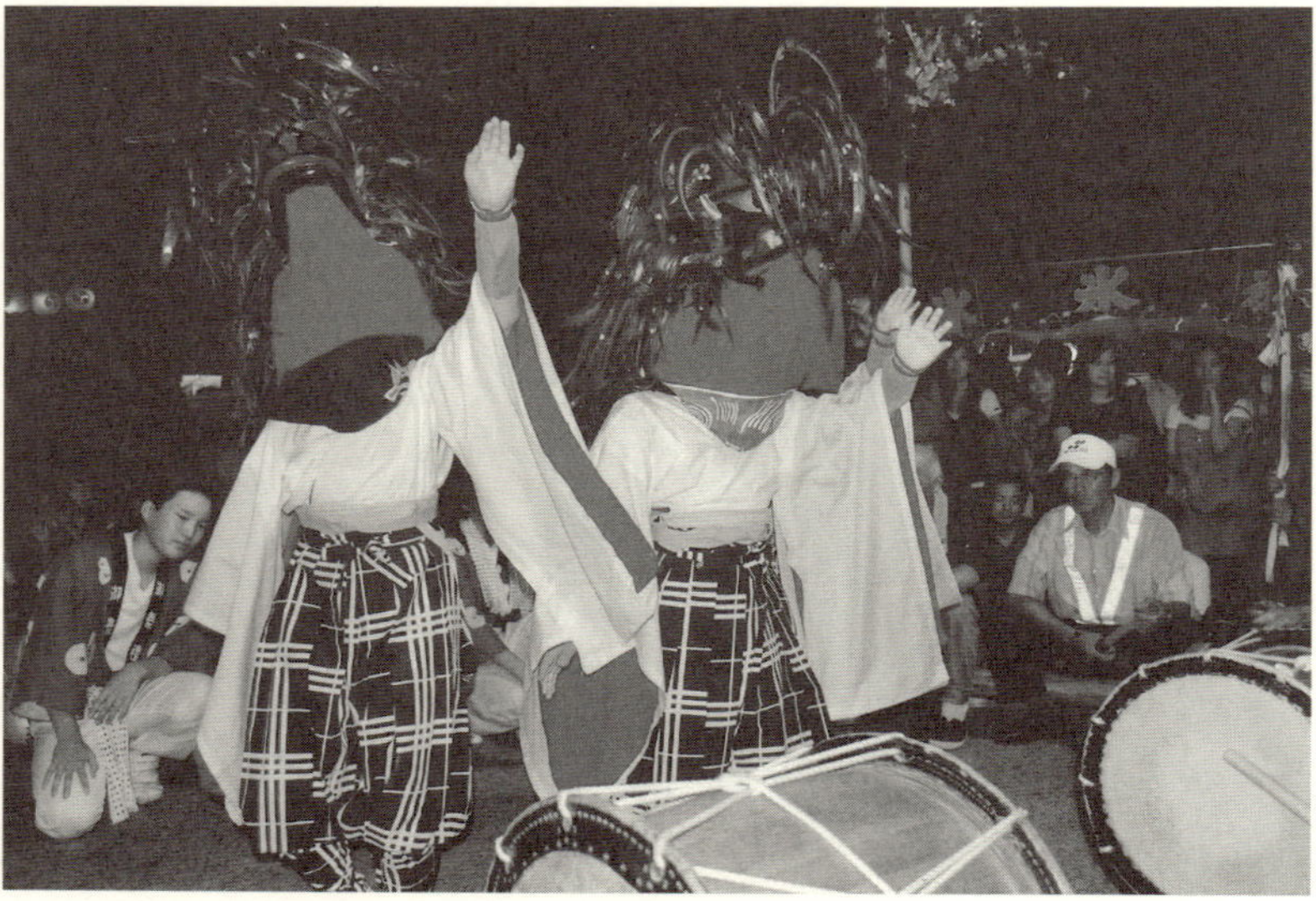

145　下鍛治屋の獅子踊り 2　手を上げ反時計回りに廻る

146　下鍛治屋の獅子踊り３　横を向き、後ろを向く

147　下鍛治屋の獅子踊り４　足踏みしながら両手を上げる

6　黒川村近江新《おうみしん》

八月十八日、十九日、稲荷神社祭典に行う。昔は七月二十三日の地蔵様の祭り、九月一日の風祭りにも踊っていた。

演目は、ひまつり、ぼんで、つぼやまが現在で、以前は棒がかり、橋がかり、ぼんでがかり、かねこ、花吸いが行われていた。

ひまつりは、三頭並んで踊る。

「踊り来て　これのやしろを　眺むれば　並杉小松に　八重の小桜」

ヤマ（三頭が三角になって踊る）。

カレイ。

「朝草に　桔梗こばなを　刈りまぜて　これのやしろを　花で輝く」

唄ぎり（唄と唄との間の踊り）。

「なるはなる　鳴りをしずめて　お聞きあれ　森も林もうぐえす（鶯）の声」

ななつ。

おどし。である。

社前にて、ひまつり、ぼんで、を踊る。

7　胎内市高畑・宮瀬の獅子踊り

八月二十六日の諏訪神社の祭り。大正十年以前には、七月十五日の笹口の天王様にも踊った。夜、宮瀬の水神様で出踊りにひばさみを踊り、棒押しをしながら、高瀬の諏訪神社へ向かう。諏訪神社神前で、ひばさみ、〇ゆみ、ぼんでん、棒がかりを踊る。新しく習うのは、はじめにひばさみで、ゆみ、ぼんでん、棒がかりの順である。

8　胎内市赤川の獅子踊り

九月十五日、若宮八幡宮の秋祭り。

十五日夜、獅子踊りを行う。獅子宿の出踊りにひばさみを踊る。棒押しをして八幡宮に入る。ひばさみ、ぼんでん、〇弓くぐり、棒がかりを踊る。

十六日朝、お宮でぼんでん、神主の家でひばさみ、神明様では棒がかり、区長の家の中でひばさみ、ぼんでんを踊る。

9　胎内市本郷の獅子踊り

九月一日が祭り。

公会堂でひばさみ、どのお宮でもひばさみ、ぼんでんを踊った。〇弓踊り、棒がかりも踊られた。

ひばさみは小学六年、ぼんでんは小学四年。弓踊り、棒がかり。

10　胎内市柴橋の獅子踊り

八月二十四日。宝篋印塔《ほうきょういんとう》の祭りの宵宮に行われる。

獅子踊りは、江戸時代の末期に加治川村小中山から伝わり、新発田市上石川の流れをくむ。

演目は、花すえ、幣束、かくだ、すくみ、つぼやま、ひばさみ。

ひばさみは獅子が結婚する踊りで、一人踊り。

11　中条町関沢の獅子踊り

八月二十六日・二十七日、関沢神社の祭り。

宵宮、初手幕、ぼんでん、〇弓踊り。三本幕。以前は、棒がかり、幕がかり。二十七日の祭りは、初手踊り、梵天、弓踊り、三本幕。獅子宿で、入り踊りを踊って終わる。入り踊りは初手幕。昔は初手幕をキバサミといった。

初手幕は学校を卒業したばかりの初めての人が踊る。きばさみは初手踊りで、天王様に上げ申す踊りであるという。

中条町羽黒の獅子踊りは、関沢の獅子踊りとは兄弟獅子であるという。羽黒神社境内での踊りは、初手踊り、ぼんでん、弓くぐり、棒がかりである。以前は三本綱も踊った。

初手踊りは、獅子踊りの初めて踊る演目であり、小学二、三年生が務める。

12　中条町築地の獅子踊り

七月十五日から十七日。弥彦神社の祭り。

十五日夜、棒押しをして神社に行く。神社では、ひばさみ、ぼんでん、〇弓踊り、棒がかり。ひばさみを踊る小学生は、白い着物にたっつけ袴《ばかま》、前当て、後ろはイシダタミ、手甲・白足袋。

13　新発田市上石川の獅子

旧三月三日の節供（現在、九月二日の神明社の祭り）、盆の八月十五日。

上石川の獅子は会津の木地くりから教わり、現在も残っている三つの獅子頭は、会津の木地屋が上石川連中が習い覚えた記念に作ってくれたという。

八月十五日の夜、獅子宿で出踊りに幣舞。神明社に奉納舞。それから、村中の家。十四日は香伝寺。十五日は、残りの家で行う。宿に帰った時には入れ踊り。現在伝承されている演目は、幣舞、角台舞、すくみ舞、綱いかじし、金子舞、火ばさみ。

ひばさみ舞は、庭入れ、もみいれ、本踊り、つきつ　唄かかる、ささ、庭さがし、七つからの唄、おどし、うれしやの唄、てんづく、あとのつきつ、ひきは、太鼓のどう、庭おさめ、である。

すでに取り上げた中条町柴橋の獅子踊りは、加治川村小中山から伝わり、上石川の獅子の流れをくむという。演目は、花すえ、幣束、かくだ、すくみ、つぼやま、ひばさみである。

注

1『無形の民俗文化財記録第６集　越後の風流獅子踊り　１９８１』新潟県教育委員会　昭和五十六年

まとめ

栃木県の獅子舞は、特に文挟流の文書などが、福島県の南会津町栗生沢の獅子舞、喜多方市下柴の獅子舞など。それに、山形県米沢市梓山上組獅子踊りなどと関わりがある。

そして、ここで取り上げた新潟県の獅子踊りは、福島県と山形県が接する地域である。栃木県の獅子舞では、文挟流と関白流の獅子舞が数多くある。新潟県の獅子踊りなどでは、平庭という演目はないが、「ヒバサミ」「ヒマツリ」「キバサミ」という演目がある。それらの演目は、平庭と比較できるような演目である。

それに、栃木県日光市の獅子舞の中には、文挟流の獅子舞もあるし、特に着目しなければならない文書がある。湯西川下の獅子舞の由来に関わる文書の中には、火鋏《ひばさみ》村の八平が湯西川下に獅子舞を教えに来たということが書いてある。このことは、新潟県の獅子踊りの演目の「ヒバサミ」などと対応していると考えられる。

さらに、ここで取り上げた新潟県の獅子踊りは、獅子が腰に太鼓をつけていない。そのため、太鼓を叩く役がある。

栃木県の日光市では、野門の獅子舞と川俣の獅子舞が、獅子も腰に太鼓をつけているが、岡太鼓が二つあり、太鼓を叩く役がある。

新潟県の新発田市上石川の獅子では、現在は腰太鼓をつけないが、話者の祖父の頃（明治初期）には、腹の上の辺りに小さな腰太鼓（締太鼓）をつけて、それを打ちながら踊っていたという。そうしたことから、稽古の時、バチを握っている恰好をするようにとか、デン、デン、デン、デンの拍子の時は、腰太鼓を打つしぐさをしろ、とかいわれたという。

この事実は、獅子舞の変化の一つとしても興味深い。

第三章　太刀が関わる演目と儀礼

一　栃木県

栃木県内の獅子舞で、弓が関わる演目が広く行われてきたことはすでにみたとおりである。太刀に関わる演目は少ないが、ここでは宇都宮市関堀町の獅子舞、真岡市大日堂の獅子舞、佐野市芦畦の獅子舞についてみてみる。

1　宇都宮市関堀町の獅子舞（注1）

「剣の舞」についてみていく。

棒使いが塩をまいてから二種類の棒術を行った後、獅子三頭が出てくる。中獅子が笹竹にかかる。後ろで太夫獅子と女獅子が太鼓を叩く。中獅子はバチを両手で持ち、片足跳びで少しずつ前進し太鼓を叩く。笹竹を触りよく見る。廻りながら見る。戻って同じことを繰り返す。太夫獅子に交代し、軽快な足取りで前進し、太鼓を叩く。笹竹の周囲を廻りながら触ってよく見る。戻り同じことを繰り返す。中獅子が先、太夫獅子が後ろに並び、前と同じ所作をする。

三頭の獅子は丸くなり、内側を向いて足踏みをしながら太鼓を叩く。スコウ（花籠のこと）が出て、中獅子、太夫獅子の順でスコウの間を抜ける。三頭の獅子が向かい合って太鼓を叩いた後、中獅子、太夫獅子と女獅子に分かれてスコウの周囲を巡り歩く。中獅子が先、太夫獅子が後になり、スコウを散らす。

塩が撒《ま》かれ、中獅子が剣を口に咥える。中獅子、太夫獅子は向かい合って踊ったりした後、中獅子が笹竹を切る。

中獅子が先、太夫獅子が後ろで、バチを両手で持ち、前進したりした後、中獅子と太夫獅子が前、女獅子が後ろで、足踏みをしながら太鼓を叩く。

頭を下げて終わる。

2　真岡市大日堂の獅子舞（注2）

獅子舞の最初のイレハの最後に、大獅子は太刀で四方（辰巳《たつみ》、戌亥《いぬい》、未申《ひつじさる》、丑寅《うしとら》の順）を祓う（写真148）。

3　佐野市芦畦の獅子舞（注3）

疫病除けの村回りにおいて、各家では「切り祓い」、村境で「四方固め」を行う。

●「切り祓い」

獅子三頭で一回りしてから、親獅子が前に出て、横に動き、端に来ると、足を上げて四股を踏み、半回転する。正面に戻り、太刀を受け取る。

その場で一回りし、太刀の鞘《さや》を抜いて、「ハッ」といい振り下ろし、続いて、「ハッ」「ハッ」と二回太刀を振り下ろす（写真149）。

その場で一回りをして、太刀を鞘に収め、太刀を戻し、三頭は横一列になり太鼓を叩き終わる。

●「四方固め」

太刀を受け取るまでは、「切り祓い」と同じである。

太刀を受け取り、「ハッ」「ハッ」と二回太刀を振り下ろした後、右端まで行き「ハッ」と一回太刀を振り下ろし（写真150）、左端まで行き「ハッ」と一回太刀を振り下ろす。

正面に戻り「ハッ」と一回太刀を振り下ろし、その場で一回りをして太刀を鞘に収め戻す。

三頭横一列で太鼓を叩いて終わる。

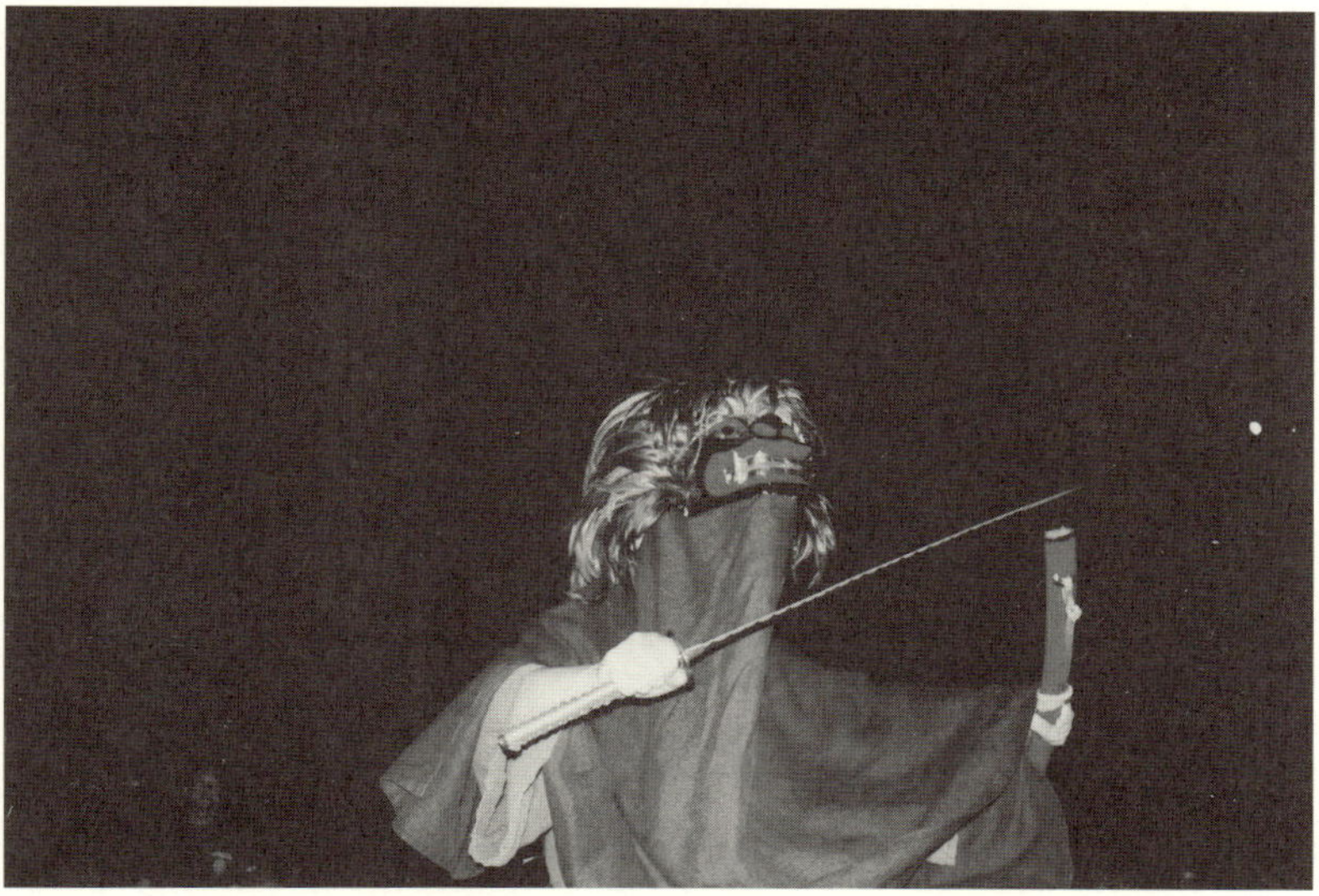

148　真岡市大日堂獅子舞　太刀で四方を祓う

149　佐野市芦畦の獅子舞　二回太刀を振り下ろす

150　佐野市芦畦の獅子舞　「ハッ」と１回太刀を振り下ろす

注

1　飯塚好『三頭立て獅子舞　歴史と伝承』おうふう　二〇一三年

2　注１書

3　注１書

二　東京都・埼玉県・群馬県

続いて、東京都、埼玉県、群馬県の順で、太刀に関わる演目と儀礼についてみていく。

東京都の獅子舞

青梅市澤井八雲神社の獅子舞に関わる伝書には「角兵衛流獅子舞再相傳之事」（注4）という文書がある。

その中に「八戸狂」があり、「八戸狂は御祈祷狂の事也」とあり、さらに「八戸狂」については、

「一口傳曰　剣さか手に持光明真言三返唱病人お三度切払病人之中ニおき狂者也

一同口傳曰　此時九太刀の切払有　是ハ九字の法也

　りんひゃうとうしゃかいぜんぜつざいぜん是也」

この文書は病人に関わる御祈祷についての記述であり、光明真言や九字の法についての記述もある。同じ文書に「一口傳曰　病人の家ニ入てハ八戸狂也」とあり、「八戸狂」は病人の家に行って行っていることが分かる。

なお、御祈祷の歌は、

「マーリヤクルマ水車ハヤクマワリテ　セキニトマロナ」

「サテモミゴトヤコノシシハ　イセデウマレテ　イセソダチ　コレニサシタハ　イセノオハライ」

「月モ日モ西へ西へトヲーイニヤール　オバナノカクレニヒケヤヨーコグモ」

「コノシシハアクマヲハラウシシナレド　アマリセクトテツノヲモガレタ」

「日ハ暮レル路ノミシバエ露ガヲリテ　オイトマ申シテイザカイランセ」

である。


飯能市下名栗の獅子舞は、青梅市成木高水山古式獅子舞から習得したという。その獅子舞では、「白刃」といわれる演目において、「太刀を抜くとき『臨兵闘者皆陣列在前』と九字を切る」とある（注5）。

高水山古式獅子舞では、「太刀懸（白刃ともいう）」の最後に小太夫と大太夫は太刀を咥えて舞う。この演目は、東西南北四方を固め、悪魔退散を祈りつつ舞うという。「太刀懸」の歌は（注6）、「この獅子は悪魔を払う獅子なれば　余り狂うて角なもがすな」である。

続いて、『奥多摩町の民俗—民俗芸能—』（注7）で白刃などの演目についてみていく。

大氷川の獅子舞、白刃。棚沢の獅子舞、白刃。栃久保の獅子舞、白刃。小留浦の獅子舞、白刃。原の獅子舞、白刃。坂本の獅子舞、白刃。峯の獅子舞では、太刀がかりで白刃とはいわない。大丹波の獅子舞、白刃（写真151）。である。

151　東京都奥多摩町大丹波の獅子舞

大氷川の獅子舞の歌の歌詞についてみる。

「この獅子はいかなる獅子と思し召す　悪魔を払う獅子なれば　世国の人に角をもがれそ」

「おぼこたちわれらが国から文が来た　開いて見たればポイとかちそろ」である。

以上の獅子舞は雄獅子二頭が太刀を咥える。

白刃がない獅子舞についてもみる。

川井の獅子舞は、演目の中に「太刀がかり」がある。境の獅子舞も「太刀がかり」がある。この演目で歌われる歌詞をみる。

「鹿島から習え習えと文がきて　習いうかべた鹿島きりぶし　習いうかべた鹿島きりぶし」

「ここはどこ　ここは熊野の原で候　神のよりていくさ召さるる如くなり」

「辰のかしらが太刀を見て　かえる所は面白いもの」

「日が暮れる道の草葉に露がいる　おいとま申し

て　ひらかいらいな」である。

日原の獅子舞と川野の獅子舞は「剣がかり」がある。二ヶ所とも、同じ内容で獅子が剣を追い払うものである。

白丸の獅子舞と海沢の獅子舞は、太刀が関わる演目はない。最も興味深いのは「神立」という演目であり、「神立」という演目が秋田県にみられるのは『三頭立て獅子舞　その歌と芸能の世界』（注8）でみたとおりである。

あきる野市小宮神社の獅子舞の五庭は「ショウデン、オオギリ、太刀がかり、追い出し」からなる。「太刀がかり」の最後では、「大頭小頭は刀を口にくわえ、時計回りに一回りする」である。

埼玉県の獅子舞

続いて、埼玉県でみられる「白刃」についてもみる。

東京都青梅市などに近い飯能市の獅子舞について、『飯能の獅子舞』（注9）で白刃などについてみる。北川の獅子舞、白刃。南川の獅子舞、白刃。高山の獅子舞、白刃。高山の演目では、男獅子が真剣を咥え、女獅子を争った後、女獅子が男獅子が咥えていた二本の真剣を持って、三番叟《さんばそう》を舞う。

阿寺の獅子舞は「白刃」を明治初年まで行っていた。

『埼玉の獅子舞』（注10）で秩父郡の「白刃」がある獅子舞を列挙する。

秩父市矢行地の獅子舞、横瀬町芦ヶ久保の獅子舞（写真152）、東秩父村皆谷の獅子舞、東秩父村萩平の獅子舞である。

なお、剣がかりなどといわれる演目は、秩父郡内の獅子舞では広くみられる。入間郡越生町小杉の獅子舞の白刃は、女獅子の三番叟を含んでいる（写真153）。

奥多摩町と同種の『大日本獅子舞之来由』（注11）が所蔵されている秩父市浦山の獅子舞では、「剣懸かり」で獅子が太刀を咥える。

大日堂で行われる祈願獅子と、その後に行われる、村内の民家で行われる悪魔祓い、村境で行われる「剣懸かり」についてみる。

大日堂の前では、御幣を持つ人三人、それに対して、道化（御幣を持つ）、獅子三頭が横一列に並ぶ。道化、獅子は頭を振る。道化と三頭の獅子は、三人の御幣を持つ人に向かい、太鼓を叩きながら前進後退を繰り返す。それから道化と獅子三頭は、お堂に拝礼し、座り地面にバチをつく。三回拝礼する（写真154）。

それから、大日堂を廻る（写真155）。一回目は、男獅子は堂に向かって「オー」と叫ぶ。二回目、三回目は「ヤー」と叫ぶ。

祈願者も獅子の後で堂を三回廻った後、道化と獅子三頭は、祈願者の周りで舞う。内側を向いて太鼓を叩きながら時計回りに廻る。

次いで、歌になる。歌は、

「奥山の笛や太鼓の音すれば　女獅子男獅子が肩を並べる　女獅子男獅子が肩を並べる」

152　横瀬町芦ヶ久保の獅子舞（写真提供　横瀬町歴史民俗資料館）

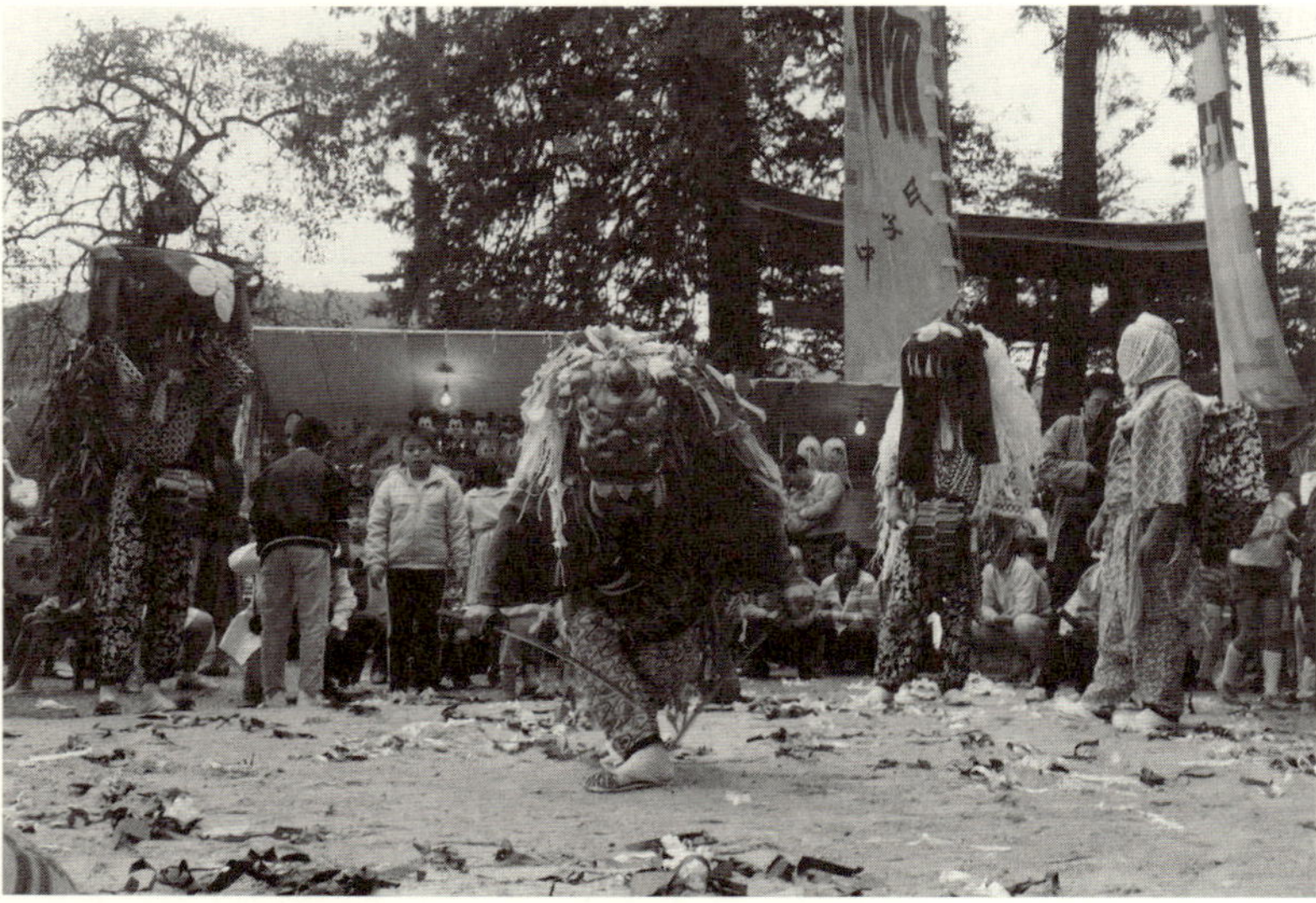

153　越生町小杉の獅子舞

154　秩父市浦山の獅子舞　３回拝礼する

155　秩父市浦山の獅子舞　大日堂を廻る

「七つ子が今年初めてササラする　よくもあしくもほめてたもれ　よくもあしくもほめてたもれ」

歌の時に、獅子は座りバチを地面につけ、頭を振る。歌の合間には、立って太鼓の縁を叩く。

内側を向いて時計回りに太鼓を叩きながら廻る。横一列で拝礼して終わる。

大日堂での獅子舞の後、氏子希望者宅に悪魔払いに出る。獅子の他、鍾馗《しょうき》大明神、赤鬼、青鬼などが行列をつくる。

悪魔払いは、各家には、笛方、巻物を持つ人が先に入り、獅子が続く。家族の人たちは座敷に集まって座り、巻物を持った人が家族の頭の上にかざし、獅子は時計回りに三回廻る（写真156）。

続いて、鍾馗大明神が先頭で、赤鬼・青鬼が続き、家族の周囲を廻る。鬼は竹で床を叩いて廻る。

鍾馗大明神は「鍾馗大明神悪魔払い、家内安全、〇〇家ますます繁盛、大繁盛」という。

村境では「剣懸かり」を舞う（写真157）。

その他、埼玉県では、越谷市下間久里《しもまくり》の獅子舞などに刀が関わる演目や儀礼などがある。『三頭立て獅子舞　歴史と伝承』（注12）などを参照しながらみていく。

越谷市下間久里の獅子舞からみていく。

村回りに出る前に神社で行われる獅子舞からみる。

「宮参り」「津島」「はや」に次いで、「くじ」を行う。

頭を左右に振る。その場で太鼓を叩きながら廻る。

太夫獅子の後に太夫がついて、お祓いをし、唱え言をする。太夫獅子は縁太鼓を叩く（写真15

156　秩父市浦山の獅子舞　時計回りに３回廻る

157　秩父市浦山の獅子舞　「剣懸かり」を舞う

8)。そして太夫が「シー」というと、太夫獅子は左右に動いて「九字をきる所作」をする。
この後、村回りに出る。そして、最後に行われるのが「辻切り」である。

村境では、獅子が「津島」「はや」を舞い、太夫が御幣と刀を持って舞う「辻切り」である。「辻切り」は村中の悪魔を追い詰めてきて、ここで追い出すのだという。次のとおりである。

太夫が御幣を持って獅子の前に出て、右手で刀を抜き御幣を左手に持つ。そして、足を交互に高く上げながら、刀と御幣を交差させて上下に動かす。足を止め、刀と御幣を上下に三回動かす(写真159)。刀を前、御幣を肩に担ぎ時計回りに回る。同じことを三回繰り返し、礼をして終わる。

次に下間久里から伝承された赤沼の獅子舞についてみる。「三番叟」からみる。

太夫は左手に巻物、三頭の獅子はそれぞれ右手に御幣を持つ。足を片足ずつ大きく上げる。それぞれ時計回りに回る。三回繰り返す。正面に戻り足を大きく上げる。それぞれ時計回りに回る。拝礼する。この舞は「九字をきる」と言われた。

女獅子、中獅子が太鼓を叩きながら出る。四方を時計回りに回る。足は後ろに跳ねるようにする。

続いて「弓くぐり」をみる。

中獅子が頭を振る。立って後退。回りながら弓に近づく。後退する時にも回る。次に太夫獅子が出て、弓に向かって前進後退。注連縄《しめなわ》の外まで出る。前進しバチで弓を測る。二回繰り返す。前進後退を二回繰り返す。前進し二回弓をくぐろうとする。前進し弓をくぐり拝礼する。

『赤沼の獅子舞』(注13)の「辻切りの舞」を引用する(写真160)。

158　越谷市下間久里の獅子舞　太夫獅子が縁太鼓を叩く

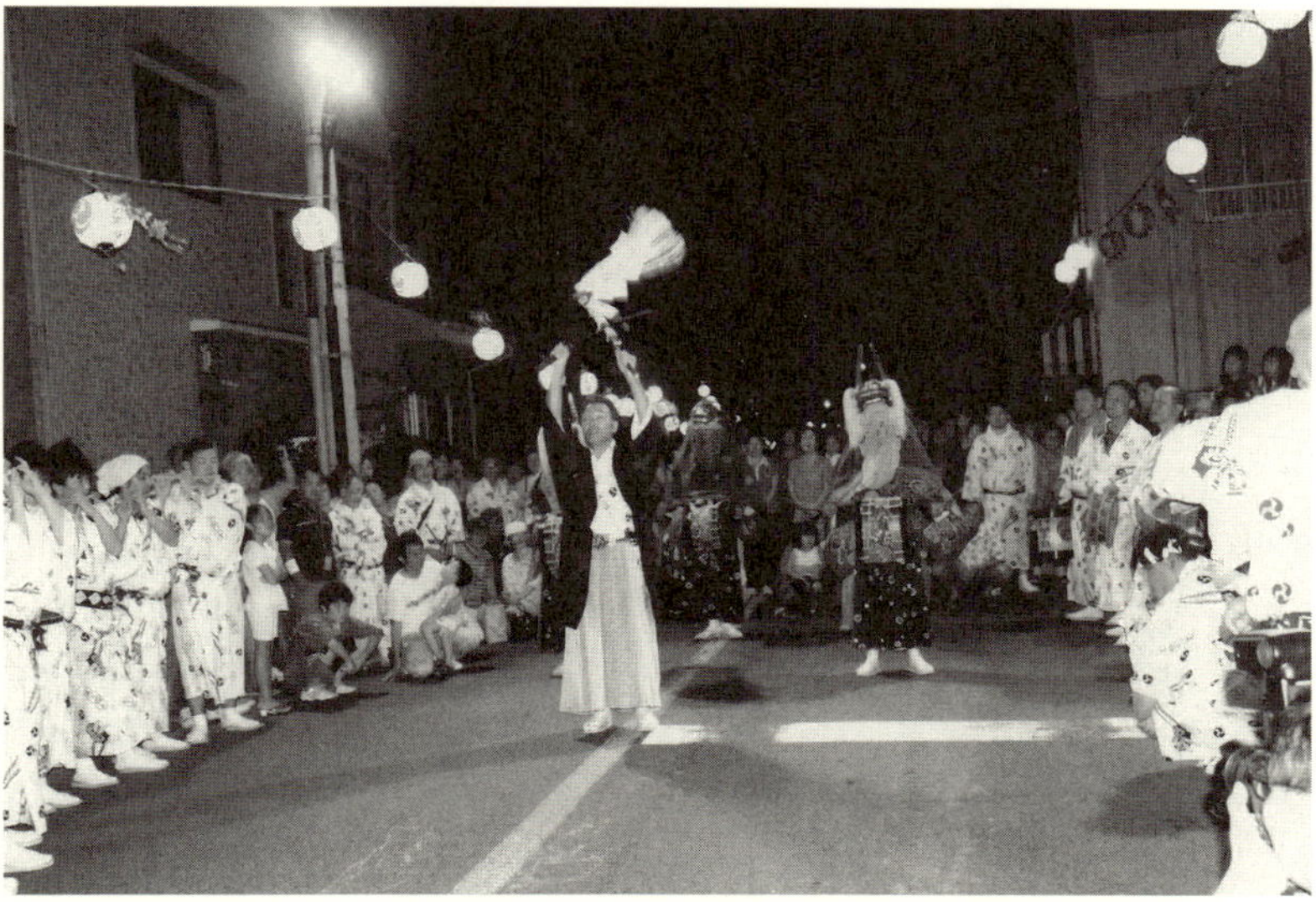

159　越谷市下間久里の獅子舞　刀と御幣を上下に３回動かす

〔境界に到達すると、初めに太夫獅子が巻物箱と幣束を手にして登場します。「三番叟」の舞は、腰を落とした低い姿勢で地面を踏み鎮めるように舞います。次に、太夫獅子は、真剣に持ちかえ、「辻きりの舞」は境界に浮遊している悪霊を切り祓います。最後に、三頭の獅子が揃って舞う「ぶっきり」「さんぎり」は地面を踏み鎮め、首懸《こうがけ》に風をはらませるようにして舞い、入念に諸悪を祓い浄めます〕

続いて、春日部市銚子口の獅子舞についてみる。

演目は、天狗の舞、出端（小獅子の舞）、出端（中獅子の舞）、出端（太夫獅子の舞）、千鳥の舞（千鳥地固めの舞）、四つあげの舞、四方固めの舞、拍子岡崎の舞、さんきりの舞、うずめの舞、弓の舞、幣掛かり、三番神楽の舞、である。

天狗の舞は、舞う場に入り、右手に太刀、左手に巻物の付いた榊《さかき》を持って、四方で踏み鎮めの舞を行う（写真161）。四方固めは三頭の獅子が四方を回って歩く。幣掛かりは、三頭で舞ってから、御幣を中心に舞い、太夫が御幣を取り、御幣で四方をきる。これは四方の悪魔を切る所作だという（写真162）。

村境で行う「辻切り」では、天狗が太刀と御幣を持ち、三頭の獅子と一緒に行う（写真163）。太刀で四方を切り、悪魔を追い出すのだという。天狗が最後に「シシ」といい追い出す。

越谷市下間久里から伝播した春日部市中野の獅子舞、同じ春日部市の西金野井の獅子舞については、『庄和町史編さん資料　民俗Ⅱ　まつりと儀礼』（注14）から引用する。

160　春日部市赤沼の獅子舞（写真提供　赤沼獅子舞保存会）

161　春日部市銚子口の獅子舞　四方で踏み鎮めの舞を行う

162　春日部市銚子口の獅子舞　四方の悪魔を切る所作を行う

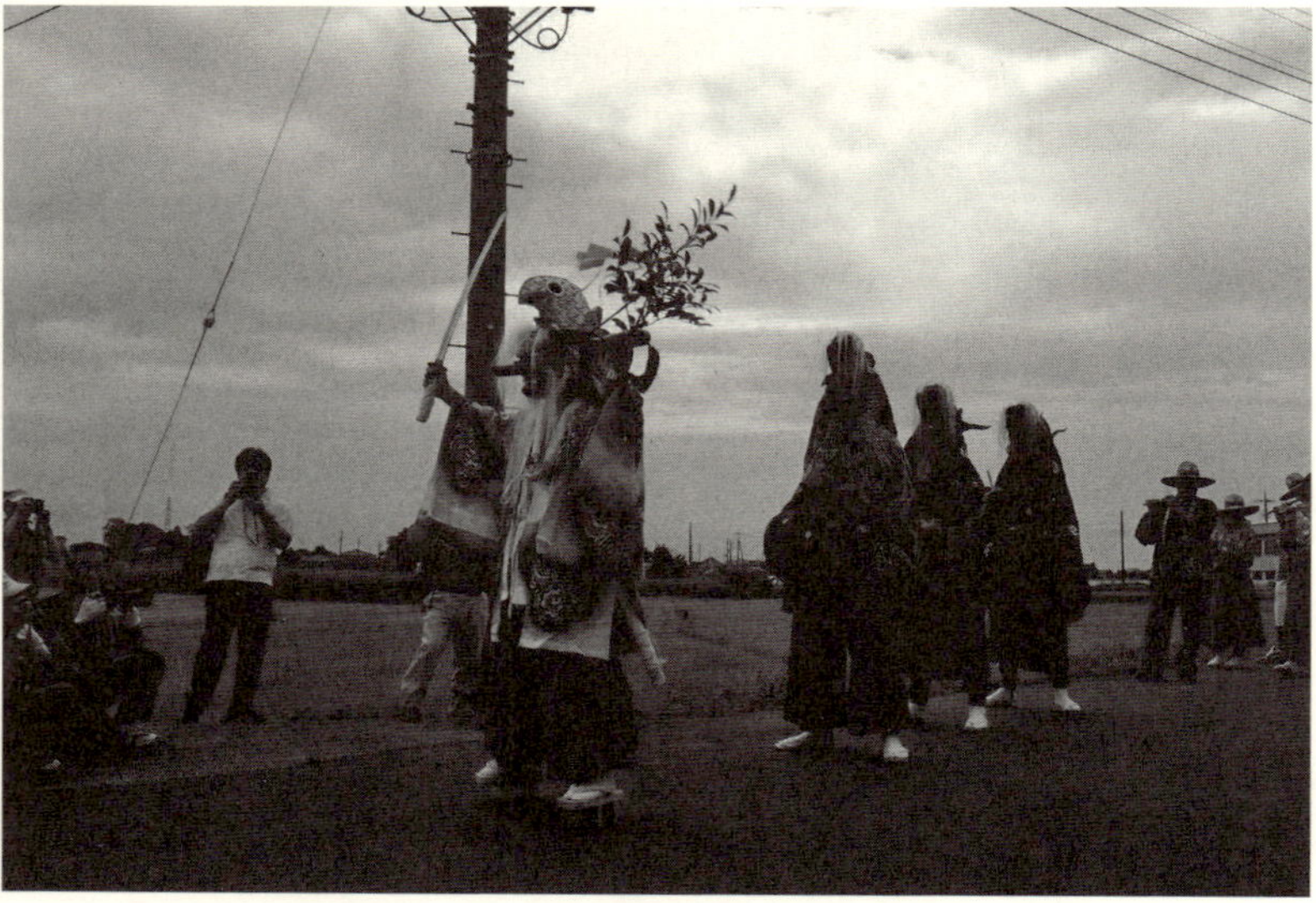

163　春日部市銚子口の獅子舞　「辻切り」は天狗と３頭の獅子で行う

中野の獅子舞からみる。最後の「追い出し」をみる。

〔大字境では「舞い込み」「千鳥」「ふっきり」の三曲を演じ、「追い出し」の儀式に移る。これは、神職の姿をした人がまず祝詞を唱え、九字を切る。その後、刀（模造刀）で幣束を切る所作をする。その後、ライターで幣束に火をつけて焼き払う。幣束が全部燃えて火が消えると、全員で「手締め」。「シャンシャンシャン、シャンシャンシャンのシャン」といった三・三・一で叩く〕

西金野井の獅子舞についてみる。

〔「辻切り」は、東西南北の大字境で行われる舞で、西金野井の地内から他所に悪疫を退散させる呪いの意味がある。大字境には注連縄を張り渡し、先導する天狗様は長い笹を、三頭の獅子の先頭となる太夫獅子は太刀を持ち、大字の外に向かって悪疫を追い払う（写真164・165）。また、中獅子と女獅子は向かい合って舞う〕

「切り出し」は病気平癒や若返りを願うもので、

〔最後にこの舞が行われたのは昭和四十五年頃で、そのときは患者を布団の上に座らせ、その周りで舞を行い、太夫獅子が太刀を振って患者に取り憑《つ》く病魔が退散するように祈願した〕という。

群馬県の獅子舞

続いて、群馬県の獅子舞についてみる。

群馬県内の獅子舞で数が多いのは稲荷流の獅子舞であり、刀を咥える演目である「剣の舞」がある

164　春日部市西金野井の獅子舞　先導の天狗は長い笹を持つ

165　春日部市西金野井の獅子舞　大字の外に向かって悪疫を追い払う

のが特徴である。稲荷流の先祖といわれる甘楽町那須の獅子舞では、この獅子舞に関わる文書（注15）があり、

「一、獅子剣大和国宇多野ニ千劍破神悪魔劍也　但笛豊葦原水穂吹出ス　歌
てんちゃく（印度のかじや）の　こしにさしたる小わきさし　つばもめぬきもこがねなるもの」

とある。

那須の獅子舞では「剣の舞」を見ることができなかったが、「疫病送り」に剣の舞を行ったという。

疫病送りは、病人が出た家で行い、那須峠まで行って送り出した。

疫病神は囲炉裏の灰の中にいるといわれ、獅子は剣を咥え、本回りといい、時計回りに囲炉裏を回る。なお、本住まいの家は縁側から入り囲炉裏を回り玄関から出る。左住まいの家では玄関から入り、囲炉裏を回り縁側から出るのだという。峠では「剣の舞」を行う。

「剣の舞」

『藤岡市史　民俗編下巻』（注16）で剣の舞についてみる。

剣の舞は十六ヶ所の獅子舞にあり、ないのは、三ヶ所だけである。悪魔払いなどについてもみる。

上平、小柏組の獅子舞では、「宮めぐり」の行列は、日本刀を抜刀して持つ人（獅子長）、猿、獅子、赤い着物を着て女装した村の男衆（八人）である。

以前は「悪魔祓い」といって、獅子が村の各戸を回った。「カギダケ回り」といって各戸の囲炉裏

を回った。

上平と小柏の組が、組ごとに手分けして回り、三本辻まで来て、両組が一緒になり、六人の獅子で舞った。そこには「八丁ジメの竹」が立っていた。ここで、悪魔を村の外へ追い払うわけである。「宮めぐり」の曲で舞った。

富岡市中高瀬の獅子舞で、「剣の舞」を具体的にみる（注17）。

横一列で太鼓の縁を叩く、先獅子から注連縄《しめなわ》の中に入り、バチを地面につけ、進む。

横一列になり、膝をついてから、先獅子が出る。一人で踊る。歌は、

「回れよ車　水車　おそくまわりて　せきにまような　おそくまわりて　せきにまような」である。

三頭で丸くなり、内側を向いて太鼓を叩き（写真１６６）、時計回りに廻る。右足を前に出し、膝をついて太鼓を叩く。立って、内側を向いて太鼓を叩き、時計回りに廻る。歌は、

「ししどもはなあんと　女獅子が恋しくも　寄れよ我等に　剣がそおよの　寄れよ我等に　剣がそおよの」である。

バチを地面につき、立って太鼓と太鼓の縁を叩く。向かい合って太鼓を叩く。バチをついて、立って太鼓を叩く。

男獅子は向かい合って太鼓を叩く。男獅子が剣をつける。バチを地面につけることと、太鼓を叩くことを繰り返す。もう一頭の男獅子も剣をつける。

男獅子は向かい合い、地面にバチをつけ、太鼓を叩き、太鼓の縁を叩き、その場で回る。バチをつ

166　富岡市中高瀬の獅子舞　内側を向き、時計回りに廻る

き、位置を入れ替わりバチをつき、太鼓を叩き、太鼓の縁を叩き、その場で回る。それらの繰り返しである。

二頭の男獅子は争い（写真167）、それぞれ一度ずつ勝つ。二頭の男獅子は剣で注連縄の幣を切る（写真168）。歌は、

「獅子どもは　何と剣が　恋しくも　よりてかえして　うれし獅子ども　よりてかえして　うれししどども」である。

三頭の獅子は丸くなり、太鼓を叩いて時計回りに廻る。バチを地面について太鼓を叩く。廻る。その繰り返しである。

剣をとる。丸くなり、バチを地面につけ、太鼓を叩く。背中合わせで太鼓を叩き、太鼓の縁を叩く。一頭ずつ退場。

なお、埼玉県神川町渡良瀬の獅子舞は、藤岡市の稲荷流との関わりがあり、演目の中に「剣の

167　富岡市中高瀬の獅子舞　２頭の男獅子が争う

168　富岡市中高瀬の獅子舞　注連縄の幣を切る

舞」がある。

さらに、埼玉県内の太刀が関わる獅子舞をみていく。

戸田市下戸田の獅子舞は夏祭り、秋祭りに行われる。獅子舞の行われる順序をみる。

小獅子の出端、中獅子の出端、親獅子の出端、歌舞、歌、神楽舞、太刀の舞、三宝、花がかり、女獅子隠し、蛇がかり、九字切り、お茶の礼、幣の舞である。

太刀舞は、他地域の獅子舞の太刀がかりと共通したものを含んでいるが、それに悪魔を祓う太刀舞が加わる。

太刀舞を短縮した「ぶっかぶり」をみる。

幣と太刀を持つ人が前に座り、小獅子の出端では、親獅子、中獅子、小獅子の順で並び、太鼓を叩いて舞う。その場で回ったりする（写真１６９）。太刀の舞では、先頭の親獅子が太刀を持ち、舞う（写真１７０）。後ろの二頭は太鼓と太鼓の縁を叩く。

太刀を返して、上げ笛では、前に親獅子と中獅子が並び、後ろに小獅子が三角になり（写真１７１）、太鼓を叩き舞い、礼をする。

「九字切り」については、『戸田市史　民俗編』（注18）を引用する。

〔花笠の間を左から廻る所から始まり、中獅子が、突然腰を抜かして動けなくなり、親獅子・小獅子が驚いてそばに寄り、顔を付けて、どうしたどうしたと伺いをたてる。腰を痛めたことを知り、そこで、親獅子の九字切り舞となる。

169　戸田市下戸田の獅子舞　小獅子の出端

170　戸田市下戸田の獅子舞　太刀の舞

171　戸田市下戸田の獅子舞　太鼓を叩いて舞い、礼をする

九字切り舞は、太鼓のバチ中程を横にして持ち、下から上へと前まわしの動作を繰り返す。これを二回行い、中獅子が立ちあがり、上げ笛となって終り舞となる」

三郷市戸ヶ崎の獅子舞の太刀に関わることを『三郷市史　民俗編』（注19）を参照してみていく。この演目は次のような伝承とも関わる。

「二郷半領は毎年洪水に苦しめられていて、文化四年（一八〇四）六月には増水し、水元（東京都葛飾区）との境にある猿ヶ又という桜堤を切らなければ、戸ヶ崎が大変なことになるという事態になってしまった。しかし、そこには堤を切られてはまずい人たちが警戒していたので、闇夜に小舟にたいまつをつけ、三頭の獅子頭も乗せ、漕《こ》いでいくと、警戒している人たちが逃げたので、桜堤をきることができたという」

そのため、獅子舞の刀がかりには、太刀で桜の堤を切る場面をするようになったという。

戸ヶ崎の獅子舞は九庭ある。花廻り、笹廻り、飛びがっこう、弓がかり、橋がかり、帰りがっこう、綱渡り、烏のぞき、刀がかりである。

各庭の構成は、三頭の正座、各庭のかかり、おひねりとり、である。かかりの部分は役獅子という。

三頭の正座について最初にみる。

獅子舞小屋に入ると、右廻りに三回廻り、四回目に花笠は四隅に立ち、笛吹きは拝殿に背を向け、獅子が舞うのを見ながら笛を吹く。

中獅子と大獅子は脇で太鼓を叩き、女獅子から舞い始める。少し舞って、笛の調子が変わり、水引をおろし頭を見せて踊る。頭を見せて初めて女獅子・中獅子・大獅子になるという。そして、オヒネリが飛ぶ。

女獅子の舞いが終わると、太鼓を細かく叩き、笛の調子が変わり、中獅子の正座である。中獅子が一頭で舞った後、女獅子を引き出す。花笠が二つ舞う場の中央に少し間隔を開けて向かい合う。その中を中獅子が通り、花笠をはさんで女獅子と向かい合う。それから、左廻りに花笠を廻る。花笠を元の位置に戻し、中獅子が大獅子を引き出す。

大獅子が舞った後、中獅子、女獅子を引き出す。二つの花笠が舞う場の中央に位置し、大獅子、中獅子、女獅子の順で縦に並び、大獅子が花笠の中を通り、それから、大獅子、中獅子、女獅子の順で花笠を左廻りに半周する。大獅子が花笠を元の位置に戻し、大獅子一頭で踊る。

大獅子、中獅子、女獅子の順で縦に並び、三頭が向かい合うなどして踊り、正座は終わる。

獅子の行列は、造花の牡丹の花を持った人が先頭に立ち、花笠四人、三頭の獅子、笛吹き、太刀を持つ人である。正座から始まる。正座はすでにみたとおりである。

大獅子が出る時、後に控えていた太刀を持つ人も続き、大獅子が頭に掛かった水引を外すまで、大獅子の後に付いて歩く。それから、獅子が舞う前に刀を置く。

正座の後、大獅子は牡丹の花を持って、東西南北の順で祓う。次いで、中獅子、女獅子の順で、この二頭は御幣を持って東西南北の順で祓う。これを「花どり」という。これは「おひねりとり」と同じ舞いである。

（中入りの休憩がある）この間に砂で四角に盛り上げた壇をつくる。壇の上には茶碗二個の間に桜の枝を渡す。四角の盛り砂の四隅に御幣を立てる。東西南北の順でいうと、赤、黄、緑、紫である。

大獅子は、置いてある太刀をいただいて（写真１７２）、盛り砂の上で太刀を両手ではすに持ち、最初は右手を前に出し、次いで左手を前に出す。

この動作が前から見ると襷《たすき》をかけたように見えるので、「たすきをかける」という。

次いで、四本の柱の方に向かい、太刀で東西南北の順で四方を切る。これが悪魔祓いで、村中安泰ということになる。そして、盛り砂の上の桜の枝を切る。

この桜の枝は魔除けになるといい、切った桜の枝は拾い、細かく分けて、それぞれ家に持ち帰って、子供が腹痛を起こした時などには煎じて飲ませたという。

この後、「病気の方、切ってもらう人いませんか」と聞く。長い間病気の人や、身体の調子が悪い人などが、太刀で切ってもらう。

病人は莚《むしろ》の上に正座し、頭に赤い布をかけ、盛り砂の四方に立てた御幣を頭を下げて両手で持つ。大獅子は太刀で病気を退散させる（写真１７３）。

なお、戸ヶ崎の獅子舞は歌が含まれていないが、以前はあったという。歌は聞き覚えで、他人に教えるとその人は死んでしまうという伝承があり、歌を覚えている人がいなくなったという。歌うたいがササラの役もしたので、ササラもなくなったという。

注

4　『文化財の保護　20号』東京都教育庁社会教育部文化課　昭和六十三年
5　『名栗の民俗　上』名栗村教育委員会　平成十六年
6　注４書
7　『奥多摩町の民俗―民俗芸能―』奥多摩町教育委員会　昭和五十七年
8　飯塚好『三頭立て獅子舞　その歌と芸能の世界』文芸社　二〇二一年
9　『飯能の獅子舞』飯能市教育委員会　平成十八年
10　『埼玉の獅子舞』埼玉県教育委員会　昭和四十五年
11　『浦山の獅子舞』秩父市教育委員会　平成二十五年
12　注１書
13　『赤沼の獅子舞』赤沼の獅子舞作成委員会　平成二十九年

172　三郷市戸ヶ崎の獅子舞　大獅子が太刀をいただく

173　三郷市戸ヶ崎の獅子舞　大獅子は太刀で病気を退散させる

14 『庄和町史編さん資料　民俗Ⅱ　まつりと儀礼』庄和町教育委員会　平成十七年
15 『甘楽町史』甘楽町　昭和五十四年
16 『藤岡市史　民俗編下巻』藤岡市　平成七年
17 注1書
18 『戸田市史　民俗編』戸田市　昭和五十八年
19 『三郷市史　第九巻　別編　民俗編』三郷市　平成三年

全体のまとめ

三頭立ての獅子舞では、歴史的には歌が数多く歌われる獅子舞が十六世紀まで遡れると考えられるが、これまで取り上げてきた獅子舞は、江戸時代に広く行われてきた獅子舞であると考えられる。

特に、関東地方の栃木県、群馬県、埼玉県、東京などで行われてきた獅子舞の多くは、農村部や山間部などの地域共同体が支えてきて現在まで伝承してきた。

また、芸能の伝播や伝承のありようも多様であり、獅子舞そのものも多様なものになったと思われる。

芸能の伝播として、中心に置いたのが、「平庭」という獅子舞の演目である。

この演目に着目したのは、古野清人氏の戦前に行った栃木県の研究である。

栃木県内の獅子舞では、平庭といわれる演目が比較的多くみられ、同じ名称の平庭といわれる演目が、隣接する群馬県や埼玉県などで広く行われてきたことが分かる。それに、さらに興味深いのは、平庭ではなく、栃木県でみられる文挟流と関わりがあると思われる演目が、栃木県に近い群馬県でみられることである。

それに、群馬県内の獅子舞には「関白」という名称がついている獅子舞もあるが、それが、栃木県内の関白流と関わりがあるかは分からない。

さらに、栃木県内の日光市栗山などでは、神社の前で行われるのは「神の舞」などといわれる演目であり、埼玉県内では秩父などの獅子舞の中に「神の前」といわれる演目があり、獅子舞の内容がほとんど同じであり、神の舞などと平庭を比較すると、内容が類似している。

それに、福島県と山形県に近い新潟県の獅子舞の演目の中には、文挟流との関わりが考えられる「ヒバサミ」などといわれる演目がある。

文挟流については、福島県や山形県の獅子舞の中に文挟流に関わる文書があることはよく知られていることである。

「平庭」や「神の舞」・「神獅子」などの名称と、他の演目との関わりの様相を最後にみておきたい。

日光市野門では、平庭は神前で行われ、芸獅子は弓くぐり、鈴舞、女獅子探し、入れ違いがあり、神前では行われない。

日光市黒部の獅子舞は、神に奉納する「神獅子」と、人に見せる余興的な「遊び獅子」がある。

日光市上栗山の獅子舞は、神々に奉納する神獅子、遊び獅子という、鈴ほろき、弓くぐり、先祖供養のために行う「回向獅子」といい、「門くぐり」「入れ違い」がある。

日光市土呂部の獅子舞は、平庭、庭舞いと呼ばれる弓くぐり、鈴ほろきがある。

続いて、群馬県の獅子舞をみる。

明和町斗合田のささらは、「平ささら」は神社に奉納し、ヤクニワは「弓くぐり」「カネマキ」などを区長の家などで舞う。

板倉町島耕地の獅子舞は、平庭などの演目はないが、役物といって、「女獅子隠し」「弓くぐり」「橋渡り」があった。

板倉町海老瀬・通り耕地の獅子舞は、平庭などの演目はないが、役物といって、「四つ花」「蛇がかり」「橋がかり」があった。

続いて、埼玉県の獅子舞である。

皆野町日野沢門平の獅子舞は、神社に奉納する「神篰」と「庭篰」からなる。

皆野町奈良尾の獅子舞は、神社に奉納する「神の前」と「庭ざさら」からなる。

加須市北川辺飯積の獅子舞は、神前に最初に奉納する演目を「平篰」といい、演目の中の「役もの」は、「橋がかり」「弓がかり」「綱がかり」である。

桶川市小針領家の氷川諏訪神社の獅子舞は、「平庭」と「役庭」からなる。

以上、平庭や神の舞などに対して、芸獅子、庭舞い、庭篰、役庭、役もの、が対比して考えられている。演目が少ない場合でも対比して考えられているが、演目が数演目であったり、獅子舞を行う場所が異なったりしていることが、対比して考えることの基礎にあると考えられる。

埼玉県加須市北川辺飯積の獅子舞は「平井祐作流」といい、獅子舞の巻物がある。この獅子舞との関わりがあると考えられるのは埼玉県だけではなく、群馬県や茨城県にもある。同じ系譜の獅子舞の分布圏は、平庭や文挟流などのように広くはないが、確かな分布が形成されている。

続いて、地域性についてみる。栃木県からみていく。

栃木県は、文挟流や関白流といわれる獅子舞があるが、演目からみると、違いは明確ではない。文挟流については、芸能の伝播では、文書だけでなく伝承でもみられることは、これまでみてきたとおりである。

続いて、群馬県についてみる。

群馬の獅子舞では、稲荷流の獅子舞が非常に数多くみられる。稲荷流の元祖ともいえる甘楽町那須の獅子舞には文書が伝わる。文書には、演目の名称や歌われる歌などが書かれている。「神代獅子由来」では、「獅子隠シ」とあり、歌が十七首ある。他の演目では歌は少ないが、「獅子隠し」では多くの歌になっている。現在行われている稲荷流の獅子舞でも同じであるが、「獅子隠し」ではなく、「女獅子隠し」という。ただ、現在でも「女獅子隠し」を行える獅子舞は非常に少なくなっている。

那須の獅子舞の文書には「天保十年」とあり、ほとんど同じ文書が藤岡市には、上平、小柏、神田の三ヶ所にあり、神田の文書には「明和七年十月廿八日」と年号がある。「獅子隠し」ではなく「女獅子隠し」というのは、明和年間まで遡れるのだろうか。

稲荷流などと対比できるのが、埼玉県の秩父や飯能、東京の奥多摩町などで、「大日本獅子舞来由」という巻物も伝えられていて、この地域では演目の数が多く、同じような演目の構成が地域性を形成しているといってもよい。

ただ、奥多摩町の獅子舞をみると、文挟流、関白流、神立流、鹿島流などといわれている。神立流は、秋田県の獅子舞の「神立」という演目と対応している。鹿島流は、獅子舞の文書をみると、理解はできる。しかし、文挟流と関白流については、現在の栃木県との比較が難しい。

最後に取り上げた太刀が関わる演目は、栃木県では少ないが、群馬県では「剣の舞」は、稲荷流の獅子舞の演目にあり、数多くの獅子舞で行われてきた。埼玉県や東京都の「白刃」は、分布している獅子舞の地域が、埼玉県では秩父市や飯能市など、東京都では奥多摩町や青梅市などと、地域性を形成している。

その他に、埼玉県内では、東京都に近い地域の獅子舞において、太刀を使う演目があり、悪魔を払うとか、病気を払う儀礼的なものを含んでいる。

群馬の「剣の舞」や「白刃」なども、悪魔を払うとか病気を払うなどの儀礼的な意味も含んでいて、獅子舞の歌にもうたわれている。

太刀が関わる演目と儀礼をみると、歌が数多く含まれ、演目が少ない獅子舞と比較すると、同じ三頭立ての獅子舞であっても、異なる要素が含まれている。このような芸能の幅は、地域の違いとともに、歴史の変遷を考察することが妥当である。

おわりに

栃木県の獅子舞を最初に取り上げたのは、古野清人氏の『古野清人著作集6　日本の宗教民俗』では、栃木県の獅子舞の調査が多くなっているためである。さらに、戦前の調査のためでもある。

それから、栃木県の獅子舞を網羅的に知ることができるのは、『栃木県緊急調査報告書』であり、尾島利雄氏の『栃木県民俗芸能誌』も貴重な文献である。

埼玉県では、倉林正治氏の『埼玉県民俗芸能誌』が獅子舞の芸態について詳細な記述をしており、現在みることができなくなっているものもあり、参照しながら記述をした。

東京については、本田安治氏の『東京都民俗芸能誌』なども大変参考になった。

それに、芸能を伝承してきた団体が作成した資料があり、その団体がある自治体が調査刊行した調査報告書もある。当然、これまで各地で刊行されてきた自治体史も含まれる。

この本をまとめるに当たっては、これまで四十年近くの筆者の調査で多くの方々にお世話になっている。

また、桶川市の小針領家の獅子舞では関根訪氏、春日部市赤沼の獅子舞保存会、横瀬町芦ヶ久保の獅子舞については横瀬町歴史民俗資料館に写真を提供していただいた。

映像資料でお世話になったのは、小鹿野町教育委員会の肥沼隆弘氏、服部武氏である。

最後に、内田幸彦氏には、未完成の原稿に目を通してもらい、間違いを訂正できたことを感謝する。

著者プロフィール
飯塚 好（いいづか みよし）
1948年、埼玉県本庄市に生まれる。
埼玉大学教養学部文化人類学専攻。
埼玉県立の博物館、資料館などに在籍、平成19年退職。
主に、民俗芸能、都市祭礼、年中行事などを中心に研究を進め、論考を発表。

著書
『山村の民俗誌』（近代文芸社、1993年）
『三頭立て獅子舞 歴史と伝承』（おうふう、2013年）
『正月・盆の民俗 —埼玉・群馬からみる—』（おうふう、2015年）
『秩父山間の歴史民俗 —生活・仕事・祭り—』（埼玉新聞社、2018年）
『三頭立て獅子舞 その歌と芸能の世界』（文芸社、2021年）

三頭立て獅子舞 その伝播と地域の諸相

2024年 9 月15日 初版第 1 刷発行

著 者 飯塚 好
発行者 瓜谷 綱延
発行所 株式会社文芸社
〒160-0022 東京都新宿区新宿1－10－1
電話 03-5369-3060（代表）
03-5369-2299（販売）

印刷所 TOPPAN クロレ株式会社

ISBN978-4-286-25589-7